人生を活かすことば

●至言・聖語・詩歌

京都文教短期大学名誉教授
照屋敏勝 撰著
Toshikatsu Teruya

文理閣

この小編を
京都・檀王法林寺　故信ヶ原良文師
だん王保育園名誉園長　故信ヶ原千恵子様
ご夫妻に捧ぐ

はじめに

言葉は力であり、エネルギーであり、心であり、熱であり、光である。「言霊《ことだま》」も古人がことばの「霊力《れいりょく》」を信じていたから生まれた言葉である。言葉は人間の社会生活や内面生活にとって不可欠なものであるが、しかし、「**両刃《もろは》の剣《つるぎ》**」でもある。つまり、人間関係においてはメスにもなり、ドスにもなる。人間の関係性を豊かにもするし、破壊もする。言葉はそういう二面性をもっている。

言葉には鮮度と温度があり、使う人によって変化する。発言や発話は人間的要素と不可分に結びついているからである。常に配慮と留意が必要である。人間は言葉によって生かされている。金言・聖語は人それぞれに固有の価値と意味をもっている。支え、励《はげ》まし、慰《なぐさ》め、癒《いや》し、叱責《しっせき》、教《おし》え、自己教育、自己管理などさまざまの働きをもっている。

最初に、私の人生にとって特に重要な意味をもつ十種ほどの詩歌・文言や金句・聖語を取り挙げることにする。

●切《せつ》に思ふことは必ず遂《と》ぐるなり（道元禅師《どうげんぜんじ》『正法眼蔵随聞記《しょうぼうげんぞうずいもんき》』）
●大事《だいじ》の思案《しあん》は軽くすべし（佐賀藩・鍋島家家訓《なべしまけかくん》）
●生理的に下り坂《くだざか》になったとき、人生はようやく上り坂《のぼざか》となる
（ヴィクトール・フランクル、精神科医）
●湧き出づる泉の水のもりあがりくづるとすれやなほもりあがる
（窪田空穂、歌人・国文学者）
●年《とし》たけてまた越《こ》ゆべしと思ひきや命《いのち》なりけり佐夜《さや》の中山《なかやま》（西行法師、歌僧）
●いくつになりても新しくきはめたきことのありて心ときめく
（長沢美津、国文学者・歌人、石川近代文学館にて）
●夕川《ゆうかわ》に葦《あし》は枯《か》れたり血にまどふ民の叫《さけ》びのなど悲しきや
（石川啄木、歌人、17歳の作）
●世界がぜんたい幸福にならないうちは個人の幸福はあり得ない
（宮沢賢治、童話作家・詩人）
●何事《なにごと》も修行《しゅぎょう》と思ひする人は身《み》の苦しみは消え果《は》つるなり（至道無難禅師《しどうぶなんぜんじ》）
●一身《いっしん》は雲水《うんすい》の如く、悠々《ゆうゆう》として去来《こらい》に任《まか》す（豊干禅師《ぶかんぜんじ》、中国）
●「**切《せつ》に思ふことは必ず遂《と》ぐるなり**」（道元）、「**大事の思案は軽くすべし**」（鍋島家家訓）、

「生理的に下《くだ》り坂になったとき、人生はようやく上《のぼ》り坂となる」（フランクル）は、私の人生の中で大きな意味をもっている。

47歳のとき、沖縄のキリスト教系の大学を辞《じ》して家族と共に京都に移った。私の専門は幼児教育学であるが、10年間勤務したキリスト教系の短大で奇《く》しくも佛教に出会い、宿縁《しゅくえん》のようなものを感じたので、「本山都市《ほんざんとし》」（京都には仏教宗派の37の「本山《ほんざん》」がある）と呼ばれる京都の仏教系の大学で短い期間でも佛教を学んでみたいと思うようになった。同僚たちからは「地位も身分も安定しているのに、何をいまさら冒険するんだ」と言われた。5人家族で2年間無収入になるので、経済的には大きな不安であり、京都での再就職の見通しも皆無《かいむ》であった。しかし、不安要素が多いからといって宿願を断念すれば晩年の後悔《こうかい》は必定《ひつじょう》である。**私は、やりたいことをやれるときにやっておかないと、晩年に必ず後悔すると思った。私の中には断念するという選択肢は全くなかった。**

心理学者のトーマス・ギロビッチが指摘するように「行動した後悔より行動しなかった後悔の方が深く残る」のは真実である。

「大事の思案」は過大に考えすぎると迷いが生じるので、軽く考えて決断した。それゆえ、本人は周囲から言われるほどの深刻さはなかった。決断に際しては、この三つの言葉が大きな支えになった。出会った言葉は必要な時に、必要な支えと励ましになるものである。

道元禅師の「切に思ふこと」の意志の強靱《きょうじん》さは自己実現にとっては大事なことである し、40代の後半は生理的には「下り坂」に成り始める時期であるが、しかし、そのころから人生がだんだんおもしろくなってきたなあと感ずるようになった。**人生には必ずどの時期かに大きな転機が訪れる。それを自覚できるかどうか、それを決断できるかどうかが、その後の人生を大きく左右することになる。**

京都では佛教大学に「特別聴講」をお願いした。私が大学教員ということで、「研究員」(受講料はすべて無料)という佛大の奨学制度が適用されて、大学院・学部・佛大四条センター(市民公開講座)でのすべての演習・講義・講座を自由に聴講してよろしいという許可が与えられた。昼夜とも貪欲《どんよく》に聴講した。この研究・奨学制度は無職の身には大変ありがたいものであった。

2年間の聴講と学びで佛教の概要や基本的理念・思想がある程度解るようになった。そして、京都に来てから沖縄とのご縁の深いだん王法林寺《のう》の信ヶ原良文師の多大なご支援もあり、佛教系短大の教員資格審査委員会の審議と面接を得て児童教育学科幼児教育専攻への再就職も叶えられた。ご縁のありがたさを痛切に感じた。

佛教の教えである「**有縁利生**《うえんりしょう》」(**縁**《えん》**があれば生**《いのち》**が利**《いか》**される**)**に恵まれたことを有難**《ありがた》**く思っ**

た。

●**「湧き出づる泉の水のもりあがりくづるとすれやなほもりあがる」**（空穂《うつぼ》）は、早大大学院（文学研究科教育学専攻）に進学した時期に大きな意味を持つようになった。それはいまも変わりはない。

この短歌《うた》をイメージの源《みなもと》にして、私の内面を比喩的に表現して、「石清水自然《いわしみずじねん》の恵み絶《た》えもせで伏水《ふしみ》となりて今に至るも」という短歌が誕生した。

●**「年たけてまた越《こ》ゆべしと思ひきや命《いのち》なりけり佐夜《さや》の中山」**（西行）

この歌にはじめて出会った時、これはまぎれもなく西行の生き方だと思った。特に「命なりけり」の切言《せつげん》はこれ以上ないという表現である。すべてがそこに収斂《しゅうれん》されている。「佐夜《さや》の中山」は静岡県掛川市《かけがわし》の東方にある山地であり、東海道の宿場名でいえば日坂《にっさか》と金谷《かなや》の間にある難所《なんしょ》であったと言われている。西行《さいぎょう》は30歳のころにもそこを通って奥《おう》州平泉《しゅうひらいずみ》に行き、藤原秀衡邸《ふじわらひでひらてい》ですごしたことがある。出家して間もないころであり、「鈴鹿山憂世《うきよ》をよそにふりすてていかになりゆくわが身《み》なるらむ」の歌もある。しかし、年老いてから再びそこを通るとは思ってもいなかったであろう。今度は東大寺大仏殿修復の沙《さ》金勧進《きんかんじん》のために、奥州藤原氏のもとへの大行脚《だいあんぎゃ》である。

人生においても、「年たけて」から引き受ける大きな課題や困難、あるいは人生の方向転換は、命の底からの強い「内的うながし」がないと、成就《じょうじゅ》することは容易ではない。この歌は西行という歌僧の「人生の絶唱《ぜっしょう》」とも言われている。その意味では、まさに「命なりけり」である。

●「いくつになりても新しくきはめたきことのありて心ときめく」（長沢美津）

金沢市の石川近代文学館で出逢った歌であるが、とても共鳴した。長沢美津先生は、『女人和歌大系』全6巻を完成された優れた研究者であり、いくつになっても知的好奇心を持続することは精神の再生産のためには不可欠なことである。

金沢市は個人旅行、ゼミ旅行、家族旅行、そして教え子の結婚式などを含めると十数回訪問しているが、文学館は必ず立ち寄っている。行くたびに新しい出会いや発見があるからである。企画がすぐれている。金沢市は多種多様な文化・芸術施設を設けているので、文化的・芸術的出会いの多い町である。私が訪問した全国の都市の中でも最もすきな古都である。

●**「夕川に葦《あし》は枯《か》れたり血にまどふ民《たみ》の叫びのなど悲しきや」**（啄木）は、私の中では長い間作者不明のままであった。しかし、どうしても作者が知りたいと思って、あれこれ探した。

早稲田時代のゼミの教師は大槻《おおつき》　健《たけし》先生（教育方法論、教育実践論）であった。ある日の演習のとき、農村からの出稼ぎの悲惨さに怒ったことがある。そのゆえ、私は、先生の退職記念文集の一文では、この短歌をとりあげた。その時点でも作者はわからなかった。しかし、今回『全英訳　石川啄木歌集』を一読した時に、その中に発見した。驚きであった。しかも17歳の作であった。田中正造《しょうぞう》が告発した足尾鉱毒《あしおこうどく》事件は大きな社会問題になっていたが、啄木も渡良瀬川《わたらせがわ》流域の農民の悲惨な状態と叫びと悲しみを歌にしたわけである。啄木には「百姓《ひゃくしょう》の多くは酒をやめしといふもっと困らば何をやめるらむ」という窮乏化《きゅうぼうか》する農民を詠《うた》った歌もある。**啄木の中では民《たみ》の視点と民への関心は不変であった。**

●**「世界がぜんたい幸福にならないうちは個人の幸福はありえない」**（賢治）は、宮沢賢治の世界観であり、人生観である。

私は日社大（日本社会事業大学）時代には、原宿《はらじゅく》にあった大学構内の松窓寮《しょうそう》から新宿にときどき飲みに行っていた。ある日入った店が「どん底」という名の店であった。そこのカウンターの向かいの壁にこの言葉が掲げられていた。それはまさしく「どん底」から発信された言葉であった。当時の東京にはあまたの「どん底」があった。私が通学していた大学は国立民営の福祉の専門大学であったので、この言葉にすぐに反応した。強烈であった。いまになって考えると、**宮沢賢治の生き方が集約されているような言葉である。**

賢治は早い時期から「共生《きょうせい》」の問題を考えていた。人間社会の中の共生、自然と人間の共生、農村と都市の共生、動物と人間の共生、などであるが、中心は自然、農村、動物であって、あとから発生したものが中心ではない。人間の優越思想を認めない考え方は、昭和初期においては先駆的《せんくてき》であったと思われる。賢治は佛教的な立場から「**万物皆同**《ばんぶつかいどう》」の思想をもっていた。

●「**何事**《なにごと》**も修行**《しゅぎょう》**と思ひする人は身**《み》**の苦しみは消え果**《は》**つるなり**」（至道無難《しどうぶなん》）

この言葉にはじめて出会ったとき至言《しげん》だと思った。鈴木正三《しょうさん》の言葉にも「修業とは我を尽《つ》くすことなり」というのがある。何事も修行だと考えれば、それに対する態度や対応も異なってくる。

1986年に比叡山《ひえいざん》で、「**千日回峰行**《せんにちかいほうぎょう》」をすでに達成されていた内海俊照師《うつみしゅんしょうし》（現・叡《え》南俊照大阿闍梨《なみしゅんしょうだいあじゃり》）の指導の下に「一日回峰行」を体験させてもらった。医師の診察を受けて、夜中の1時に出発し、懐中電灯をもって細い山道を無言のまま歩きつづけ、朝、根本中堂《こんぽんちゅうどう》に戻《もど》ってくるおよそ30キロの行程《こうてい》であった。2日間のプログラムの中で最も感動したのは内海師の他者をもって語ることのできない「**体験**」であった。回峰行は無条件の行《ぎょう》であり、病気でも中断は許されないし、行《ぎょう》が終了するまでの12年間は何があっても「下山」は許されない。そして「堂入り」と呼ばれる**9日間の断食《だんじき》・断飲《だんいん》・不眠《ふみん》・不臥《ふが》の行《ぎょう》**は、人間の限界をはるかに超えている。お話を聴いて修行によって人間の精神力は相当苛酷な苦行をも克服できるものだと痛感した。天台宗《てんだいしゅう》の指導者になる修行の厳しさを初めて知った。まさに「**我《われ》を尽《つ》くす**」**行《ぎょう》のすごさ**である。

●「**一身《いっしん》は雲水《うんすい》の如く、悠々《ゆうゆう》として去来《こらい》に任《まか》す**」（豊干禅師《ぶかんぜんじ》）

沖縄では本務校のほかに、国立の琉球大学の教育学部でも教員養成課程の「教育原理」を担当していた。京都に移ることになり、最後の授業（テスト）の時に、終わってから二人の男子学生が私のところにやってきた。何だろうと思っていたら、持ってきた色紙とサインペンをさし出して「サインしてほしい」と頼まれた。ちょっととまどって、「何をサインしたらいいの?」と聞いたら、「先生が毎回紹介している言葉の中から、好きな言葉を書いてほしい」と言われた。それで、一人の学生の色紙には、道元禅師《どうげんぜんじ》の「**切《せつ》に思ふこ**

とは必ず遂《と》ぐるなり」を書き、もう一人の学生の色紙には、豊干禅師《ぶかんぜんじ》の「**一身《いっしん》は雲水《うんすい》の如く、悠々《ゆうゆう》として去来《こらい》に任《まか》す**」を書いた。このような能動的な学生の名前は訊《き》いて、記憶して、心に留めるべきであった。残念ながら、二人の学生の名は知らないままである。

「言葉」は常にその人間の内面の要素と感性・感受性によってしか受容されないものである。「**一師《いっし》に法文《ほうもん》を習えども、心に随ってその益《えき》不《ふ》同《どう》なり**」（覚海《かくかい》禅師）の教えの通りである。

「外的条件は内的原因を通して作用する」という発達の法則がある。外的刺激や条件は同一であっても、個々人の内的原因は異なるので、その影響も異なる。学校における教授＝学習においても同じである。覚海の言葉はそういう意味である。個々人の感性や内発性や能動的主体性がいかに重要であるかを教えている。

会津八一の「学規四ケ条」の中に「学藝をもって性《しょう》を養うべし」とある。人間にとって学生にとって大事な一文である。「教養とは培養である」（和辻哲郎）という言葉もある。何を培養するか、若い世代の必須の課題でもある。

はじめに

目次

第二部　佛教からの示唆

1. 日本佛教の祖師のことば

2. 高僧・佛教者のことば

3. 佛教経典の聖語

第三部　キリスト教からの示唆

第四部　高齢者の生き方

第五部　人間の生き方

第六部　子ども・子育て

第七部　障碍《がい》者

第八部　哲学者・思想家

第九部　琉球・沖縄の歴史、社会、詩歌、メッセージ

序：川柳・俳句10句及び短歌10首

●点字読む姿を見ては母は泣き（昌坊）
●ランドセル寝息にぬれて明日を待ち（慶昭）
●子の寝顔さっき叱った事を悔い（をさむ）
●筆入れを鳴らして子供かけて来る（迷亭）
●叱られる事を知ってる通信簿（丸平）
●子供等の遊びへ暗影迫り来る（鶴彬）
●戦争が廊下の奥に立ってゐた（白泉）
●春寒や戦死の柩《ひつぎ》野路をゆく（春林）
●政権を太く汚く長く持ち（英雄）
●裸にて生まれて来たに何不足（大伴大江丸、浪速の船問屋主人）
●パン買いて戻る日課となりにけり行きどころなき麻痺の子とわれ（大森輝子）
●自らの命を絶ちし夜学生の棺出でゆく友に負われて（小出幸三　高校教師）
●みどり児のわれを捨てにし母の行方《ゆくへ》尋《と》め来てむなしわれすでに老ゆ

●わが妻は吾子《あこ》の手握り死にてはいや死にてはいやと泣きくるいけり（木下利玄、歌人）
（中西悟堂（僧侶）　日本野鳥の会創立者、歌人）

●故郷に最後の夕べの孤児達は涙でうたう北国の春（向井為三）

●密林のなかに仆《たお》れて白骨になりゆく兵はついに知られず（天久卓夫　横浜市）

●大きい骨先生ならんそのそばに小さきあたまの骨あつまれり
（「教師と子どもの慰霊碑」広島・平和公園、正田篠枝・作）

●泣きながら父母を還せと兵われに石もて迫りし小孩《しょうはい》忘れず
（「小孩」は中国語で子どもの意、藤田君雄）

●屍《しかばね》は避けむと思へど疲れ居て馬も踏みゆき我も踏みゆく（日中戦争の中で、石川清）

●洞窟の深みにしたたる　うず高く積まれた供花《くげ》の血のようなそのいろ
（井伊文子《ふみこ》元彦根市長・井伊直愛《なおよし》氏夫人、琉球国王の末孫、歌人）

第一部　人生と生き方に示唆と多様性と柔軟性を与える至言

1．難問・課題は思考の宝庫

（1）みずから適当に精神を向けさえすれば、他人が知りえて、自分は達しえないような事柄は存在しない。

（『精神指導の規則』デカルト、哲学者、フランス）

※これは学習や学びにおけるとても重要な指摘であり、示唆であり、人間の可能性に対する信頼である。

●いい精神をもつということだけでは十分ではないのであって、**大切なことは精神をよく用いることである。**

（『方法序説』デカルト）

●**難問は分割せよ。**

（前掲書）

わたしが検討する**難問**の一つひとつを、できるだけ多くの、しかも**問題をよりよく解くために必要なだけの小部分に分割**すること。

参考類語

㋐**何事も小さな仕事にわければ**、とりたてて難しいことではなくなる。

（フォード、フォード・モーターズ創業者）

㋑**大きな問題に直面したときは**。その問題を一度に解決しようとせずに、問題を細分化し、その一つひとつを解決するようにしなさい。

（アンドリュー・カーネギー、実業家、アメリカ）

㋒よりよい方法というものは、**どんなときでも必ず存在する**ものである。

（トーマス・エジソン、アメリカの発明王）

●13歳で耳が全く不自由になってしまったからこそ、子供には難解な文学作品や化学や物理の技術書までも集中して読めたのだ。

（エジソン）

●ほとんどの人がチャンスを逃《のが》す理由は、それが努力を必要としているように見えるからだ。

（エジソン）

㋓**誰かが大いなる成功を収めたということは**、他の誰もが成功できる、という証明である。

（エイブラハム・リンカーン、アメリカ合衆国第16代大統領）

㋔私は、一人の人間に可能なことは、万人に可能である、とつねに信じている。

（『ガンジー自伝』）

（マハトマ・ガンジー、インド建国の父、弁護士、政治家、イギリスの植民地支配に対して、非協力・非服従、イギリス商品のボイコットなどを展開した。狂信的なヒンズー教の暴徒によって暗殺された。）

注：「マハトマ」は「偉大な魂」の意

㋕**困難こそがベストを尽くすチャンスだ。**

（デューク・エリントン、音楽家、アメリカ）

㋖考えに考え抜けば、**解決できない問題はない。**

（ヴォルテール、哲学者、フランス）

㋗いかなる問題でも、**それ自身の解決の種**をもっているものだ。

（スタンレー・アーノルド、詩人）

㋘どんな不利なことに対しても、**それに応じる有利な点**があるものだ。

（W・クレメント・ストーン、実業家、アメリカ）

㋙**困難は厳正なる教師である。**

（『フランス革命の影響』パーク）

㋚**困難な課題に取りかかるときの姿勢**が、最終的な成否を分ける。

（ウイリアム・ジェームズ、心理学者、ハーバード大学教授）

●人間は**心の姿勢を変えることによって**自分の人生を変えることができる。

（ウイリアム・ジェームズ）

㋛万《よろず》の事、**つとめてやまざれば必ず験《けん》（結果が形をとってあらわれること）あり。**

（『養生訓』貝原益軒、儒学者）

（2）**答えはない。答えは存在したことがない。答えはこれからも存在しない。それが答えなのだ。**

（ガートルード・スタイン、アメリカの女性作家、詩人）

※人生における課題や疑問は、何事であれ、「答え」は自分で考え、自分で探し、自分で解決するしかない。「答え」を探すことも学習であり、自己教育であり、それが人生のプロセスである。人生は自問自答であり、他問自答であり、その繰り返しである。創問という作業も必要になる。

　現代は「**ワイドな体験**」の欠如した時代である。そのため私は、在職時、20余年間、本務校でも出向校でも、保育士資格や幼稚園教諭免許の必修科目である『言葉』の課題として1年間や半年の『**絵本ノート**』という名の長期課題を課した。幼児教育学科の一年次の学生には絵本45冊と『モモ』、『こころの手足』、『蜘蛛の糸』、『赤い蝋燭と人魚』、宮沢賢治など児童文学や障碍者の本5冊の計50冊である。他校の佛教大学社会福祉学科と京都女子大短大部初等教育学科では30冊である。大学ノートに1冊の絵本（本）・児童文学作品を1作品1ページの要領で感想を書き、最後に全体の「総まとめ」の感想を書く課題である。課題に取り組む学生の態度や努力の密度によって学生の収穫や成長の度合い、さらに将来の仕事の様子なども推測できる。この課題によって飛躍的に伸びる学生もかなりいる。優秀な『絵本ノート』はオープンキャンパスで展示する。その課題をやりたくて入学してくる学生もいる。「**この絵本ノートはとても大変で、時間のかかる課題でしたが、私にとってはとても楽しい課題でした**。なぜかというと、絵本ノートは私がこの京都文教短期大学に入学しようと決意するきっかけになったからです。高校3年の時、どこの大学に進学するか迷い、いろいろな大学のオープンキャンパスに出向きました。そして、その時、この絵本ノートに出会いました。ページをめくるごとにその出来ばえに驚き、この課題を私もやってみたいと思い、この大学を受験しました。……この課題が与えられた時は、「とうとう来た!!」という感じで少し不安でもあったのですが、……「私もやってやる!!」とやる気が出たのを覚えています。このような特別な思いがあった為、やり終えた今は感激し、最後まで手を抜かずにやり切ったことにとても満足しています。……(『絵本ノート・「総まとめ」』より、児童教育学科幼児教育専攻(Y・H)1回生)。

単純のように見える絵本や児童文学の中にも、多くの人生の課題や問題を発見し、絵本や人生に対する認識を深める。学生は与える課題によって育つことが解かる。「考える力」や「書く力」、つまり**分析力と総合力**を育てるような課題が学生には必要であると確信した。そして、教師も「課題」を通して、学生の「作品」や「提出物」を通して、学生たちによって育てられる側面がある。つまり相互共育である。学生に課す課題の内容が良ければ、学生も育ち教師も育つのである。青年期の学生には「ワイドな体験」が必要であり、多様な思考と想像力と創造性を育てるような「**ワイドな課題**」が必要である。

2. 時間（客観的）と時刻（主観的）

（3）**すべてのわざに時がある。**

生まれるに時があり、死ぬに時がある。
植えるに時があり、刈り取るに時がある。
泣くに時があり、笑うにときがある。
悲しむに時があり、踊るにも時がある。
求めるに時があり、失うに時がある。
黙っているのに時があり、語るに時がある。
愛するに時があり、憎むに時がある。
戦いに時があり、和睦に時がある。

（『旧約聖書』伝道の書3・1～8）

※時間は二種類ある。万人共通の時間、これは万人に平等に与えられている。「**時間**」（**時**《とき》）と呼ばれている。もう一つは各個人が持っている固有の時間である。「**時刻**」（**刻**《とき》）と呼ばれている。

個人間に差が出て来るのは、この時刻の使い方によってである。
病気の治療で入院している人と健康な人の生活時間を想定しても、時刻の意味と価値は全く違ってくる。**時間の使い方の質が人生の質を決定する。人生は個人に固有の持ち時間の使い方**が決定的となる。

参考類語

㋐**時は人間が消費しうるもっとも価値のあるものである。**
（『ギリシャ哲学者列伝』所収、テオプラストス）

㋑人のすることには**潮時**というものがある。
（『ジュリアス・シーザー』シェイクスピア）

㋒君、時というものは、**それぞれの人間によって、それぞれの速さで走る**ものなのだよ。
（『お気に召すまま』シェイクスピア）

㋓**時は偉大なる医者である。**
（『ヘンリッター寺院』ディスレーリ、イギリス）

㋔あらゆる浪費の中で、もっとももとがむべきは**時間の浪費**である。
（マリー・アントワネット、王妃、フランス）

3. 差別は罪悪である

（4）人の世に熱あれ　人間に光あれ

（全国水平社創立宣言）

※1922年3月3日京都市の岡崎公会堂に全国から3000余の人々が集まり、未開放部落の解放運動方針と組織と宣言が採択された。この「水平社宣言」は、日本における「**最初の人権宣言**」と言われている。まさに歴史的、画期的な宣言である。しかし、**100年後の、今日も、なお、封建時代の身分差別は、執拗に、続いている。**100年経っても。差別問題を解決できない国なのか？　日本社会はいまだ封建時代の遺制《いせい》や残滓《ざんし》が人々を苦しめている社会である。

参考類語

㋐なぜ、なぜ、なぜ

高校一年生

私はうまれた　みんなと同じように
私は歩いた　みんなと同じように
しかし、私の歩く道は違っていた

私がその道を歩きたかったわけではない
たれかがその道を決めたのだ
たれかが私の人生をきめてしまったのだ
それは神さま　それとも……
私は思う。それは人間、同じ人間
なぜ私たちだけが差別されるのか
就職、結婚、いろいろなことに
なぜ私たちだけが／苦しみ、傷つかねばならないのか
なぜ、なぜ、なぜ、なぜ、なぜ　（『論集・いぶき5』北九州市同和問題啓発推進協議会編）

㋑第一に、**差別することの恐ろしさ**を知ってほしいと思います。

第二に、**差別することの罪深さ**を知ってほしいと思います。

第三に、**差別することの恥ずかしさ**を知ってほしいと思います。

第四に、**差別される者の心の痛み**をわかってほしいと思います。

第五に、**差別される者の無念さ、悔しさ**を情念（注：意志的要素を含む感情の意）でわかってほしいと思います。

第六に、**差別される人間も、差別する人間も、その差別を見ている人間も、差別させる人間も同じ人間**だと、いうことを本当にわかってほしいと思います。

（『現代の差別から』中山英一、早稲田大学同和教育委員会）

※私の第1次学生時代は1958～1962年である。そのころ、未解放部落とその他の地域の生活環境の差は歴然としていた。子どもたちの進学も就職も結婚も相当差別的であった。行政による差別もあからさまであった。全国の差別の実態を記録した「記録映画」も大学祭で上映された。映画『橋のない川』も上映された。川に橋がないという象徴的な現実は事態の深刻さを物語るものであった。

１００年も経過して、徐々に改善の方向に進んできてはいるが、上掲の詩のように事態はまだまだ深刻である。差別を受けている児童・生徒にとって差別は生きて行くのを妨げられる最大の妨害要因である。人間の内面や魂を傷つける行為は人間にとって最も卑しむべき行為である。これはまぎれもなく人間に対する心理的・人格的虐待である。

（5）**私は人間だ。だから、人間に関することでわたしに無関係なものは一つもない。**（元奴隷で詩人の人類への宣言である。）

※ププリウス・テレンティウス・アファエル、**古代ローマの喜劇詩人**、アフリカ・チュニジア出身の**元奴隷**であるが、「所有者」のローマ元老院議員・ププリウス・テレンティウス・ルカヌスが**自由市民として開放した**。**奴隷**には「正式な姓」がないので、所有者の「姓」が使われていることに注目する必要がある。

※アメリカの元プロボクサー・モハメドアリが先祖から受け継いだ奴隷時代の名字を破棄して、宗教もキリスト教からイスラム教に改宗して改名したのは、先祖の奴隷時代の所有者の名字だったからである。彼は獲得したボクシングのベルトも剥奪されたが、貧しい人々を殺したくないと言ってベトナム戦争への徴兵も拒否した。

（6）**私には夢がある**（I Have a Dream）

（マーティン・ルーサー・キング・ジュニア、牧師、アメリカの公民権運動・人種差別廃止運動の指導者、ノーベル平和賞受賞、1968年39歳で暗殺された）

●私には夢がある。いつの日にか、ジョージアの赤土の丘の上で、かっての奴隷の子孫とかっての奴隷主の子孫が、**ともに兄弟愛のテーブルにつくことができるだろう**、と。

●**消極的に悪を受け入れる者は、悪を行うことを助けるものと同様に悪にまきこまれているのだ**。

●**暴動とは、**声なき人々の言葉である。

●心の中に、**夢をしまっておく場所を**いつも空けておきなさい。

●私にはしなければならない仕事がある。死を恐れてなどいられない。**たとえ私が命を失っても、私の死は無駄にはならないはずだ。**

（7）この国で黒人に生まれ、それを比較的意識していると、**絶え間なく怒りがこみ上げてくる。**

（ジェームス・ボールドウィン、作家、アメリカ）

※この作家が抱く感情は、**抑圧された民族や人種や集団や地域の人びとの共通感情である。**ＮＨＫＢＳの再放送を観て驚いたことがある。沖縄に関する番組であったが、途中から観たので番組名は知らない。本土から沖縄へ旅行にきた男性が沖縄で知り合った女性への手紙である。その文中に「原爆は広島ではなく、沖縄に落とせばよかったんだ」という一文があった。ただただ驚いた。まぎれもなく、沖縄へのむごい差別と悪意の手紙である。原爆は「人類の三大虐殺」の一つである。最初の原爆はアメリカで三基製造されたが、一基は広島に、もう一基は長崎に、最後の一基は皇居上空での爆発が計画されていたが、実行されることはなかった。原爆はどの国にもどの地域にも使用すべきではなかった。沖縄は日米の地上戦でことご

とく破壊され、いまなお終わることのない不透明な戦場であるが、そこをさらに原爆で壊滅させよというのである。本人は自分の手紙が「覆面」の形で放送で取り上げられるとは思ってもいなかったであろうが、そういう沖縄の不幸と破壊を願う本土の人間が一人でもいることに驚き、沖縄の戦後70年間の「**基地苦**」と「**基地被害**」と「**植民地的支配**」に対する本土の無明《むみょう》の「累積」が沖縄の米軍基地70%を温存させているのだと思った。沖縄への悪意と憎悪の理由は知る由もないが、ゲーテは「**人間がほんとに悪くなると、人を傷つけて喜ぶこと以外に興味を持たなくなる**」（『格言と反省』）と述べている。その手紙の主も、その当時はそういう人間だったのであろうか？

4．言語の価値と言論・表現・出版・報道の自由

（8）私の言語の限界が私の世界の限界である。

（『論理哲学論考』ヴィトゲンシュタイン、哲学者）

※世界は「言語」で媒介されており、したがって言語の限界は、その人の所有する「世界」の限界に通ずる。伝えたい内容を適切に表現できないのは自己の言語の限界であり、言語の貧しさである。言語はコミュニケーションのように、対人・対社会的な機能だけでなく、個々人の内

面生活の豊かさのためにも不可欠である。つまり、人間の外言《がいげん》（外的言語・音声言語）と内言《ないげん》（内的言語・思考言語）の両機能を豊かにするためには不可欠なものである。

（9）世に最も美しいものは、言論の自由である。（ディオゲネス、古代ギリシャの哲学者）

※社会の健全性や民主主義のバロメーターとなるものは「言論・表現・出版・報道の自由」の保障である。最近の香港の社会状況を視ていると、中国政府の暴圧的な力で言論・表現・出版・報道の自由が短期間にその自由が極限されてしまった。社会が健全に発展するためには批判は不可欠であるが、強権国家や専制国家ではそれを許さない。戦時下の日本も全く同じであった。真実を恐れ、国民や民衆の覚醒を恐れるからである。イギリスと中国との間で交わされた50年間の「一国二制度」の歴史的試みも25年で幻滅と化してしまった。

参考類語

㋐**言論の自由を殺すのは、真理を殺すことである。**（ミルトン、詩人）

㋑もし新聞がなかったら、**フランス革命は起こらなかっただろう。**（『レ・ミゼラブル』ユーゴー）

ⓤ**我が詞《ことば》粗暴なれば、則ち彼が答えもまた粗暴なり。**我が詞柔軟なれば、則ち彼が答えもまた柔軟なり。

（『見聞宝永記』宗益）

ⓔ**事物を〈作る〉のは、視点である。**

（『一般言語学にかんする書物のための草稿』ソシュール）

※示唆に満ちた指摘である。本質を的確に表現した指摘である。ソシュールは現代言語学の創始者である。パリ大学では歴史言語学を講じ、ジュネーヴ大学ではインド・ヨーロッパ言語学とサンスクリット語、一般言語学の教授となる。

ⓞ真の詩人とは詩句を鍛えながら、思想を見いだす者である。

（『プロポ』アラン、フランス）

5. 人間に不可欠なもの—良心と理性

(10) 人間を照らす唯一のランプは**理性**であり、生の闇路を導く唯一本の杖は**良心**である。

（『ドイツ論—宗教と哲学』ハイネ、詩人）

※国民の理性や良心が衰えて、「感情」が大きな勢力となって国民を支配するようになると、必

ず禍が襲ってくる。最大のわざわいはむろん戦争である。ヒットラーに翻弄されたドイツや軍部に支配された戦前・戦中の日本を視ればよく解かる。「治安維持法」という悪法が日本全土を支配し、国民の理性的で合理的な発言や思想や活動を厳禁し、封殺した。真実を発する人たちは獄に閉じ込められてしまった。

●焚書《ふんしょ》（書物を焼き払う）は序曲にすぎない。**書物が焼き払われるところでは、ついに人間も焼き払われるのだ。**

（『アルマンゾル』）

※ハイネ（1797～1856）のこの言葉は、のちの世のユダヤ人大虐殺を連想させる予言のようである。ハイネがユダヤ系なのでなおさらである。ユダヤ系の詩人、作家、研究者らの書いた本は集められて、みんなの見ている前で燃やされた。それが「焚書」である。そしてそのあとにユダヤ人の600万余の大虐殺が襲ってきた。人間の限界をはるかに超えた悪の出現である。独裁者は悪の限界を超えて、悪を極限まで拡大することを躊躇しないものである。過去のヒトラーも現在のプーチンもそうである。独裁者の本質は昔も今も変わらない。

●**多くを所有する者は**、なお多くを手に入れる。わずかしか所有しない者は、そのわずかなものさえ奪われる。

（『世相』ハイネ）

●一人の人間を理解するただひとつの手引きは、**その人の良心である。**

（ウィンストン・チャーチル、政治家）

●良心とは人間が**神の御言葉を受け容れる場所**であり、**神の御声を聴く部屋**である。

（ベルジャーエフ、ロシアの哲学者）

●良心の自由ほど魅力的なものはないけれど、またこれほど苦しいものはない。

（『カラマーゾフの兄弟』ドストエフスキー）

●良心とは、私たちのいのちにある最もよいものがそこに集中されている**精緻な鏡**である。

（ファーブル、昆虫学者）

●良心はわれわれの魂を呵責《かしゃく》し、常に鋭利な災難を打ち振るう。

（ユヴェナリス、古代ローマの風刺詩人）

●良心！　そうだ、**善と悪とに対する信ずべき判決者**なのだ。人間を神に属させるものは、ただ良心あるのみ。

（ルソー、思想家）

●欲望と感情は人間性のバネである。**理性はそれを統制し、調節するブレーキである。**

（『断片』ボーリングブルック）

●良心は、個人が自己保存のために啓発した**社会の秩序を見守る守護神だ。**

（『月と六ペンス』モーム）

●**良心というものは、**それぞれ個人の中にあって、社会がそれ自体を保持するために発展させてきた**法則の番人**なのだ、と私は思う。

（『月と六ペンス』阿部知二訳、岩波文庫）

●**名誉とは外面的な良心であり、良心とは内面的な名誉である。**

（『幸福のための警句』ショーペンハウエル、哲学者）

●理性が間違いを犯すことはよくあるが、**良心が間違いを犯すことはない。**

（ジョッシュ・ビリングズ、作家、アメリカ）

6. 真の目標がないと、情熱は屈折する

(11) 魂が真の目標を持たないとき、如何に偽りの目標に激情をそそぐことか。

（モンテーニュ、ルネサンス期の代表的思想家）

●**最も美しい精神とは、最も多くの多様性と柔軟性をもった精神である。**

参考類語

自分のしている事が、**自分の目的《エンド》になっていない程**苦しい事はない。（『行人』夏目漱石）

※学生時代、映画『**きけ　わだつみのこえ**』を観たが、東大の講義の中で大木助教授が戦場に向かう学生達にこのモンテーニュの「**魂が真の目標を持たないとき、如何に偽りの目標に激情をそそぐことか**」を呈していたのが強烈な印象として残っている。

太平洋戦争の末期に20万余の学生が学業を中断して戦争に強制動員された。「学徒動員」で徴兵された学生の多くは「自分の目的になっていない」苦しさに苛《さいな》まれていた。『きけ　わだつみのこえ』を読むとそのことがよく解かる。

参考類語

熱狂という感情は、**真実に基づいている時には、有益だが、誤謬に基づいている場合には有害である。**

（『フランス革命期における公教育論』コンドルセ、数学者、哲学者、政治家）

（12）人間であるとは／**自分には関係がないように思われる悲惨さを**／**目の前にして恥を感じることである。**

（『人間の土地』サン・テグジュペリ、斎藤孝訳）

●人間であるということは、**責任をもつことにほかならない。**

●愛というのは、お互いに相手の顔を見つめ合っていることなのではなくて、**同じ方向**

に二人でいっしょに眼を向けることなのである。

●人生の目的は宗教的観念がなければ解決できない。

（『世渡りの道』新渡戸稲造、札幌農学校卒、アメリカおよびドイツに留学、旧制一高校長、東京女子大初代学長、国際連盟事務次長）

●自尊、自知、自制、この三つのもののみが、人生を最高の力に導く。

（テニスン、ビクトリア期を代表する桂冠詩人、イギリス）

(13) すぐに役立つ人間は、すぐに役に立たなくなる人間である。

（藤原銀次郎、王子製紙社長、商工大臣）

※人というのは語源的には「優れている」と「調和」の組み合わせである。人間形成においては「実用の用」と「無用の用」の両方が必須である。現在は大学においても一般教養系が軽視されている。それらは学問や研究の基礎になる部分である。ノーベル賞受賞者が例外なく強調しているのは基礎研究の必要性と重要性である。基礎・基本が弱いと応用力も弱くなる。実用だけ重視すると、多様性や汎用性が弱くなる。

藤原銀次郎は「藤原工業大学」を設立したが、のちに慶応大学と合併して「慶大工学部」と成る。

7. 人間の感情と心を豊かにするもの

（14）毎日、**すくなくとも小さな歌曲を聞き、よい詩を読み、すぐれた絵を観るべきだろう。**

（『ウィルヘルム・マイスターの就業時代』ゲーテ、作家、詩人）

（15）ふかくこの生を愛すべし／かへりみて己を知るべし／**学藝をもって性《しょう》を養うべし／日々真面目あるべし**

（会津八一、歌人、書家、美術史家、早稲田大学教授）

※新潟市には「会津八一記念館」があり、早稲田大学には「会津八一記念博物館」（旧総合図書館）がある。

あめつちにわれひとりゐてたつごときこのさびしさをきみはほほえむ

（法隆寺の救世観音、会津八一）

（16）**思い出のうちに喜びとして残っていないような喜びは、真の悦びではない。**

参考類語

㋐喜びを人に分かつと喜びは二倍になり、苦しみを人に分かつと苦しみは半分になる。

（『語録』ザンダース、辞典編集者、ドイツ）

㋑悲運に処する最上の道はなんといっても、**悲運の中に天意を見出してそれに感謝することでなければなりません**。この感謝には二通りあります。その一つは、悲運を天の戒めとして感謝することであり、もう一つは、悲運の中に**幸運の種**を見出し、それを天の特別の恩寵《おんちょう》として感謝することであります。

（『ウラーニア』ティートゲ）

㋒私たちは、三つの異なった方法で、人生の意味を発見することができる。それは、一、**よいことをすること**によって、二、**価値のある体験**によって、三、**苦しむこと**によって――の三つである。

（『悲運に処する道』下村湖人、作家、教育者）

（ヴィクトル・フランクル、精神医学者、『夜と霧』の著者）

●**我を没却する程度が大きくなるにしたがい、わが世界は拡大する。**

（ヒッペル、作家、ドイツ）

8. ハンセン病者と人権

(17) 深海に生きる魚のように、**自ら燃えなければ何処にも光は無い。**
（明石海人《あかしかいじん》、歌人。ハンセン病棟で生涯を過ごす）

※『白描』（歌集）の明石海人と『いのちの初夜』の北條民雄はハンセン病文学の双璧と評される。『白描』は25万部売れ、『いのちの初夜』は芥川賞候補にもなる。

・**わが病癩《らい》とは知りぬさながらに揺らぎ崩《くず》るるひとの世の望み**
・**妻は母に　母は父に言ふわが病　襖《ふすま》へだててその声を聞く**
・**父母のゐらび給ひし名を棄てて此の島の院に棲むべくは来ぬ**

※1998年7月、ハンセン病回復者13名が熊本地裁に対して国家賠償請求訴訟を提起し、2001年5月に判決が出され、国の強制隔離の違憲性と過失を認めて、原告らに慰謝料の支払いを命じた。
「**隔離による被害**」と「**社会から差別・偏見を受けたことによる精神的損害**」と「**社会内で平穏に生活することを妨げられた被害**」を明確にした画期的な判決であった。

その判決にともなって、日本弁護士連合会も「会長声明」と「ハンセン病の患者であった人々の人権を回復するために（勧告）」を出した。

各宗教団体もそれぞれ「謝罪声明」を出した。浄土宗は「ハンセン病に関する謝罪」の中で、「……、我が教団として、元患者の方々をはじめ家族・関係者に対し、**苦しみを共有することも無く、差別を温存助長する過ちを犯してきたことに対し、深く反省懺悔するとともに、心から謝罪するところであります。……**」と述べている。

1931年『癩予防法』が制定されて、全患者が全国にある13の療養所に強制隔離されるようになった。日本政府はハンセン病を遺伝病とあやまって認識していたために、男性を去勢手術したり、女性の不妊手術をしたり、妊娠を強制中絶したりした。国家による重大な人権侵害を犯したわけである。

ノルウェーの医師であり、癩研究者であったアルマウェル・ハンセン（1841〜1912）は1873（明治5）年にすでにらい菌を発見し、癩が感染症（伝染病）であることをつきとめていた。

9. 女性の自立と解放

(18) **人間元始、女性は実に太陽であった。真正の人であった。**今、女性は月である。他に依って生き、他の光に依って輝く、病人のような青白い顔の月である。**私どもは隠されてしまった我が太陽を今や取り戻さねばならぬ。**

（『青鞜《せいとう》』創刊の辞、平塚雷鳥、1911年）

●私は常に主人であった自己の権利を以て、我れ支配する自主自由の人なることを満足し、自滅に陥れる我れをも悔ゆることなく、如何なる事件が次ぎ次ぎと起こり来る時でも我の我たる道を休みなく歩んできた。

（『青鞜発刊の辞』）

●**烈しく欲求することは事実を産む最も確実な眞原因である。**

（『元始女性は太陽であった』）

（19）妾《わらわ》が過ぎ来し方は蹉跌《さてつ》（失敗し悩むこと、つまづきの意）の上の蹉跌なりき。**されど妾は常に戦えり。蹉跌のためにかって一度もひるみし事なし。**

（『妾の半生涯』景山英子＝福田英子、婦人解放運動家）

（20）人は各々独立を念とせざるべからざると同時、他と与《とも》にせんことを忘るべからず。**独立独行を言はずして、独立共行といふべし。**

（『想痕』三宅雪嶺、思想家）

参考類語

㋐日本の男性の魅力をそこねているものは、**男性の心情をコチンと堅くさせる封建性と見栄だ。**

（『にくまれ問答』平林たい子、作家）

㋑大部分の男は、**自分の価値に徹底することができない。**

（前掲書）

（21）**生は永久の闘ひである。自然との闘ひ、社会との闘ひ、他との闘ひ、永久に解決のない闘ひである。闘へ。闘ひは生の花である。**

（『むだ花』大杉栄、明治・大正期の社会運動家、無政府主義者）

（22）**ひとりになること、**一年の、一週の、一日の、**ある部分をひとりで過ごすこと、**それは誰にでも必要ではないだろうか。

（アン・モロー・リンドバーグ、作家）

※これは大事な提案である。飛行家のリンドバーグ夫人である。

10. 人間の微笑・笑い・悦び・ユーモア

（23）**悦びは人生の要素であり、人生の欲求であり、人生の力であり、人生の価値である。**

人間は誰でも、悦びへの欲求を持ち、悦びを要求する権利を有している。
（『もっと悦びを』ケップラー、ドイツ）

参考類語

㋐**母の笑いのなかに神秘がある。**（ベルグソン、哲学者）

●憤怒と笑いは**同じ筋肉を動かして**できる表情である。（『笑いの哲学』）

㋑一度でも心から、そして**全身全霊を以て笑ったことのある人は**、根っこからの悪人にはなり得ない。（『衣服哲学』カーライル）

㋒神は人間に、生のあまたの辛苦の埋め合わせとして、三つのものを与えてくれた。すなわち**希望、眠り、そして笑い**である。（カント、哲学者）

㋓笑うということ、これが幸福術の大切な要素だ。人を笑わせることは聖なる奉仕と言ってもよい。（亀井勝一郎、評論家）

㋔**人間は笑う力を授けられた唯一の動物である。**（クレヴィル、詩人）

㋕微笑はしばしば本質的なものである／**人は微笑によって酬《むく》われる微笑によって慰めを受ける／微笑によって生気を与えられる**（サン・テグジュペリ、作家、フランス）

㋖**笑いは二人の人間をもっとも近づけてくれる。**

（ヴィクトル・ボルゲ、ピアニスト、作曲家、指揮者）

㋗**we shall never know all the good that simple smile can do**

（マザー・テレサ、カトリック聖人、インド）

単なる笑顔であっても、それが生み出す全ての可能性を私たちは十分に解かってはいないでしょうね。

（照屋茂樹訳）

㋘ユーモアとは「**にもかかわらず**」笑うことである。

（ドイツの諺）

㋙ユーモアとは、**ものを、それがガラスでできているかのように見通すことだ。**

（『切れっぱし』トゥホルスキー、作家、ドイツ）

㋚本物のユーモアとは、**知恵**に満ちているものだ。

（マーク・トウェイン、作家、アメリカ）

㋛機知ある女は**ひとつの財産**であり、気の利いた美は**ひとつの力**である。

（『十字路のダイアナ』ブルバー＝リットン、作家、イギリス）

（24）**微笑は笑いの完成である。**

（アラン、哲学者、フランス）

参考類語

無作法な人々はしばしば笑うが、**決して微笑しない。**

（『息子への書簡』チェスターフィールド、政治家、イギリス）

●悲観主義は気分感情に由来し、楽観主義は意志に由来する。（『幸福論』アラン）

●外部に支えを求める精神は弱い精神である。（『宗教語録』アラン）

11．人間と教養

（25）教養とは**限界を知ること**である（三木清、哲学者）

参考類語

㋐教養とは**培養である**（和辻哲郎、哲学者）

㋑教養とは、ハニカミを知ることなり（太宰治、作家）

㋒熟練性こそ教養だ（亀井勝一郎、評論家）

※三木清の「教養とは限界を知ることである」を最初に読んだ時、見事な定義だと思った。人間の行動や言語表現には限界があり、その限界を適切に認識することは人間の日常生活において

は重要なことである。

和辻哲郎の「教養とは培養である」も教養の内容を深化させる定義である。植物であれば豊かな土壌の「培地」や「培土」が必要である。現在では、根を自在に伸ばせるようにと「水耕栽培」も広がっている。必要な栄養素を吸収するための「根の営み」が強調されている。亀井勝一郎は「熟練性こそが教養だ」と述べている。達人や名人や名工と呼ばれる人達の専門的教養は高度な域に達している。

●**教養は培養である**。それが有効であるためには、**まづ生活の大地に喰ひ入らうとする根がなくてはならない**。

（『偶像再興』和辻哲郎）

●**古来の偉人には雄大な根の営みがあった**。その故に彼らの仕事は、味わえばあじわうほど深い味を示してくる。

（前掲書）

参考類語

㋐教養は**完成についての学び**である。

（アーノルド、評論家、詩人）

㋑**教養は「世界で言われ、考えられた最上のことを知る」ことである**。

（『文学とドグマ』アーノルド）

㋒教養のないところに**真**《しん》**の幸福**《こうふく》は絶対に無いと私は信じています。

㊓**教養の真のあらわれは、その人の「はにかみ」にある。**
（『返事』太宰　治、作家）

●今日の若い男性は、教養程度が低くなったので、目立つものにしか心をひかれない。**発見する能力**を失ったのだ。
（『芸術・教養・人生』、亀井勝一郎）
（『性とその宗教的考察』亀井勝一郎）

㊔**自由こそ、高度の教養が芽生えてくる土壌である。**
（フィヒテ、哲学者）

㊕**教養は、人格的なものである。**それは、思想や芸術の鑑賞や広い範囲にわたる人間の関心事に関して修養をつんでいることなのである。
（『民主主義と教育』ジョン・デューイ、教育学者、哲学者）

㊖**幾つかの偉大な思想だけは本当に自分のものにしておかなければいけない。**明るくなるなどとは思いもおよばなかった遠いところまで、それが光をなげてくれるから。
（『愛の断想・日々の断想』ジンメル、哲学者、社会学者、ドイツ）

12. 初心及び政治指導者の「在り方」

(26) 初**心**忘るべからず／**時時《じじ》の初心**忘るべからず／**老後の初心**忘るべからず
（『花鏡』世阿弥元清、能役者、能作者、能演出家）

※人生においては「初心」だけが大事なわけではない。それぞれ初期の志、中期の志、後期の志が芽生えて来る。志は「特定」を超えた属性である。

社会においては、「**誰が見ても不適任と思われる人**」（三島由紀夫）がその地位に就いている場合が多々ある。国会議員なども「世襲」が封建時代のようになっている。「**わが世襲の地は、ひろびろと、なんとみごとなること！**」（ゲーテ）の様相である。「**職務におけるあらゆる世襲は、愚劣かつ暴圧的である**」（『ジロンド憲法草案における権利宣言』という18世紀の指摘もある。世襲は民主主義政治が変質するおそれがある。「**国会議員候補資格試験**」でもやったらどうですか？　岸田首相もすでに息子への「世襲」の準備を始めている。指導者になるには「**苦の体験**」の方が大事だと思うのですが？　「**苦中の苦を喫し得て方**《まさ》**に人の上の人となるべし**」（『椿説弓張月』）である。「**宰相**」**という最高責任者が政治的**「**悪弊**」**を踏襲するとは？**　私は多様性と活性化の視点から「世襲」には一定の規制が必要だと考えている。多様性が失われると「柔軟性」や「公平性」や「民主性」も同時に失われてしまう。

参考類語

㋐**現在のように、政党員の素質が低下して、**官吏に比しても、実業家に比しても、軍人に比しても、**人格見識が一段低級の人間が、**代議士になっている限り、当分よき政党内閣

など出現しそうに見えない。（『話の屑籠』菊池寛、1934年）

㋑**能力があるようにみえても、**いざ政治の世界に足を突っ込むと、無能であることがわかってしまう者がいる。（『寓話』イソップ、作家、ギリシャ）

㋒**上下万民に対し、一言半句にても虚言を申すべからず。**（『早雲寺殿二十一個条』北条早雲）

㋓共和国においては**徳**が必要であり、君主国においては**名誉**が必要であるように、**専制政体の国においては「恐怖」**が必要である。（『法の精神』モンテスキュー、政治思想家、フランス）

㋔**世襲を止《や》むるを難《なん》ずるの色あるを見て怪訝《けげん》に堪《た》えず。**（板垣退助、自由民権運動家、政治家）

※維新政府はロシアに戦勝して、「論功行賞」の名のもとに100余の関係者を「貴族」に推挙して、「世襲」にした。板垣はそのことを断じている。板垣も「伯爵に任じられたが、「世襲」は破棄した。貴族の身分を確保すれば、貴族院（現・参議院）への進出も容易であり、当人も子息も保障される。近代国家は身分や世襲を廃止する方向なのに、明治政府は真逆の政策を推進した。

㋕支配者になったとたん、その者は、いちばんの愚者よりもなおいっそう愚者と化す。

（『人間論』アラン、哲学者、フランス）

㋖善く自己を住持《じゅうじ》する者は、衆人《しゅうにん》の心をもって心と為《な》して未だかって其心を私《わたくし》せず、衆人の耳目をもって耳目と為して未だかって其耳目を私せず、遂に能く衆人の志に通じ、衆人の情を尽さん、夫《そ》れ衆人の心を用ゐて心と為せば、即ち我の好悪は衆人の好悪なり。

（霊源素皎禅師）

13. 食の六つの訓《おし》え

(27) つとめて粗食すべし／旬のものを食すべし／混食すべし／よく噛むべし／満腹をさけるべし／自然の味わいを好むべし（「食の六訓」）

（益田　孝、江戸幕府通訳、三井物産初代社長、日本経済新聞社創業者）

●肉食獣は決して肥満することはない。

（『味覚の生理学』サヴァラン、食通家、フランス）

●一流のシェフは最高の料理をつくるために最良の食材を集めようとする。しかし、超一流のシェフは今ある食材で最高の料理をつくってみせる。

（フランスの格言）

14．志は万事の源

(28) 志を肆《ほしいまま》にして身を終えんと欲す。

都へはまた出づまじと古希の身や一条寺村のほとりに住みき

（石川丈山《じょうざん》、漢詩人）

（土岐善麿、歌人）

※石川丈山の「詩仙堂」は現在、曹洞宗のお堂になっているが、もともとは武士から文人に転身した丈山の「山荘」であった。私にとっては学生時代からご縁の深い山寺である。

(29) 一事を必ずなさんと思はば、他の事の破るるをもいたむべからず。人の嘲《あざけ》りをも恥ずべからず。万事にかへずしては、一の大事成るべからず。

（『徒然草』吉田兼好）

●志を立つることは大にして高くすべし。小にして低ければ、小成に安んじて成就《じょうじゅ》しがたし。天下第一等の人とならんと平生《へいぜい》志すべし。

（『大和俗訓』貝原益軒）

15．生きる技術と意志力

(30) 生きる技術とは、一つの攻撃目標を択び、そこに全力を集中することにある。

（モーロア、作家、伝記作家、評論家、フランス）

参考類語

㋐一匹の人間が持っている丈《だけ》の精力を一事に傾注《けいちゅう》すると、実際不可能なことはなくなるかも知れない。

（『雁』森鷗外）


㋑人の光を藉《か》りて我光を増さんと欲する勿《なか》れ。

（『智慧袋』鷗外）


㋒太陽の光でさえ、一点に集中しなければ発火しない。

（グラハム・ベル、発明家）


㋓脱皮できない蛇は滅びる。**意見を脱皮していくことをさまたげられた精神も同じことである。**それは精神であることをやめる。

（『曙光』ニーチェ、哲学者、ドイツ）

16. 「英雄」出現の悲劇

（31）英雄のいない国は不幸だ。／**いや違う。不幸なのは英雄を必要とする国なのだ。**
（『ガリレイの生涯』ブレヒト、劇作家、ドイツ）

※社会が閉塞状況に陥ると、「英雄待望論」が出て来る。しかし、それは禍や不幸の始まりである。ドイツでは第一次世界大戦後の敗戦による賠償金と経済不況と社会の閉塞状況を打開しようとして登場したのがヒトラーであった。国民もその演説に熱狂し、催眠状態になってしまったが、結果は他民族の大量殺戮とヨーロッパ諸国およびソヴィエト連邦への侵略という人類史

上最悪の結果となった。「英雄」が残したものは、国民の期待とは真逆の、自国と他国の回復し難いいちじるしい破壊と荒廃であった。自己陶酔した独裁者と催眠状態に陥った国民の忘れてはならない悲劇と教訓である。「英雄」への期待は禁物である。

参考類語

㋐**どんな英雄も最後は邪魔者となる。**

（『代表的人物』エマーソン、思想家、アメリカ）

㋑**英雄人《ひと》を欺《あざむ》く**

（『唐詩選―序』李攀龍、中国）

17. 男女間の永遠のきずな

（32）一人の女性と永遠のきずなを結ぶことができるのは、芝居を見ながら、**ともに笑い、ともに息をひそめ、ともに悲しめる**場合にかぎられる。そうでなければ、いずれうまくいかなくなる。

（『切れっぱし』トゥホルスキー、作家、ドイツ）

（33）**あの人**のそばで私が見いだす幸福はこの世に**あの人よりほかに与えてくれる人はいない。**

（『恋愛論』スタンダール、作家）

(34)彼女の欲しいのは、同じ愛といっても自分自身の全身全霊を、魂のありったけ理性のありったけを、ぎゅっと引っつかんでくれるような愛、自分に思想を、生活の方向を与えてくれるような愛、自分の老い衰えてゆく血潮をあたためてくれるような愛なのだ。

(『可愛い女』チェーホフ、作家、ロシア)

18. 強烈な使命感と行動力

(35)全生涯にかってないほどの大きな危難にさらされることが判りきっていても私は往《ゆ》く。

(『書簡』フランシスコ・ザビエル、イエズス会宣教師、スペイン)

(36)**是は法事《ほうじ》(佛教の布教)のためなり。何ぞ身命《しんみょう》を惜しまん。諸人去《い》かずんば、われ即ち去かんのみ。**

(鑑真和上《がんじんわじょう》(689~763)中国)

(これは佛教布教のためである。何で身命が惜しかろう。皆さんが行かないなら私が往きます。)

※奈良時代、唐からすぐれた僧を招くために、遣唐使と共に入唐していた留学僧《るがくそう》の栄叡《ようえい》と普照《ふしょう》の来日要請に応えて鑑真和上は渡日を決意された。最初、弟子たちに呼びかけたが、一人もい

なかった。それで、受戒の大師高僧であった鑑真和上が自ら決意された。5回失敗し、6回目の753年に実現した。鑑真和上はすでに失明されていた。それでも決行された。弟子たち24人が同行を申し出た。

ザビエルにしても、鑑真和上にしても、**それぞれ強靭な宗教的使命感を持った「内的うながし」の強い布教者であった。**ザビエルは布教の途次、中国で病死し、盲目となった鑑真和上は奈良の唐招提寺で76年の世寿を全うされた。

参考類語

その他大勢から抜け出す人たちには、一つの共通点がある。それは、**強烈な使命感だ。**

（ジグ・ジグラー、アメリカの著述家）

19. 比較の悲劇

（37）**他人と比較してものを考える習慣は、致命的な習慣である。**

（『幸福論』ラッセル、哲学者）

参考類語

比較はあらゆる誘惑の中で**最悪のもの**である。

（キルケゴール、哲学者）

※佛教は比較をしないで生きることを教える宗教である。人間は「境目《さかいめ》」にとらわれやすい特徴がある。現実社会は境目だらけである。その結果、身分、階級、地位、収入、宗教、学校、人種、民族、国家などの境目にとらわれ、そこから偏見や差別が生まれ、争いや悲劇が起こってくる。佛教はどの宗派であれ宗派独自の「修行」があり、宗派独自の修行形態がある。佛教における修行は、一言でいえば「**境目にとらわれない訓練**」である。

私が沖縄の大学に勤務（1976～1986）していた時、NHKのラジオ局から研究室に電話がかかってきた。幼児教育を専門にしている立場から、いまの子ども達がおかれている状況をどのように感じているかを聞かせてほしいという依頼であった。研究室で記者の質問に応じた。私が感じていたのは子ども達の「**三つの悲劇**」で**あった**。**一つは**「**比較の悲劇**」**であり**、**二つは**「**急ぎの悲劇**」**であり**、**三つは**「**過剰の悲劇**」**であった**。当時から比較の悲劇をつよく感じていた。比較から多くの悲劇が生まれていたからである。

20. 心・信仰と幸福

(38) 山のあなたの空遠く／「幸《さいわい》」住むと人のいふ。
噫《ああ》、われひとと尋《と》めゆきて／涙さしぐみかへりきぬ。
山のあなたになほ遠く／「幸」住むと人のいふ。

（「山のあなた」カール・ブッセ、上田敏訳『海潮音』）

(39) 人類の幸福に対する障害は**民族的あるいは宗教的偏見**と、**生存競争**と、**相互の間における非人間的なこと**とである。

（『世界平和の宣布』アブドゥールバハー）

●人々が幸せになるための5つの条件

(a) きれいな環境があること。
(b) いまいる所から戦争や自然災害で逃げないですむこと。
(c) 医療を受けられること。
(d) 教育を受けられること
(e) 伝統や文化に誇りをもち、それを楽しめること。

（ドネラ・メドゥズ、環境学者）

●信仰はそれそのものとしてすでに一つの幸福である。
（ヒルティ、哲学者、ベルリン大学総長）

●心にだにも深く念じつれば、佛も見え給ふなりけりと信ずべし。
（『宇治拾遺物語』鎌倉初期）

●心は縁にひかれて移るものなれば、閑《しず》かならでは道（佛道の意）は行《ぎょう》じがたし。
（『徒然草』）

●人みんなが考えているよりずっとたくさんの「幸福」が世の中にあるのに、たいていの人はそれをみつけていないのですよ。
（『青い鳥』メーテルリンク）

●ぼくに関心があるのは、すべての人間の幸福ではなくて、ひとりひとりの幸福なんだ。
（『日々の泡』ボリス・ヴィアン、フランス）

●それゆえ、信仰と、希望と、愛、この三つはいつまでも残る。その中でもっとも大いなるものは愛である。
（『聖書』コリント第一書13─1～13）

21. 全体主義、精神の衰弱、文化の低下

(40) すべての全体主義、或いは独裁主義は、必ず青年の性急さに向かって働きかけ、そして必ずスポーツを奨励します。
（『愛と無常について』亀井勝一郎、評論家）

●**精神の衰弱は**、どういう形で現れてくるかというと、**必ず速断**、**あるいは独断という形で現れてる**。つまり、**簡単な言葉で割り切る**、**あるいはレッテルをはる**。

（『青春をどう生きるか』）

●ある時代の**文化の低下を示す**最も端的な例は、**質問が露骨になり**、**回答が単純になることだ**。

（『思想の花びら』）

●人を判別するには、**人相**、**手相と同じように声相**がある。

22. 行くところがあるか

（41）**人間は、どこか行くところがなければならない。**

（『罪と罰』ドストエフスキー）

参考類語

優れた才能を持つ者は、いつも同じ土地にばかりいたらダメになってしまいます。

（モーツァルト「手紙」、1778年9月11日）

※子どもは意味の上からは「越《こ》ども」と考えられている。つまり「時間的制約と空間的制約」を「越えて行く存在」という意味である。個人的差異はあるにしても、子どもは常に「現在の発達水準」を越えて行く。そして、やがて生まれ育った土地も越えて出て行く。行くところが見

つかるからである。つまり、子どもは青年期になると、「いま」（時間）と「ここ」（空間）を超えて修学や修行のため生まれ育った土地を出てゆく存在なのである。

●人は、**美しいものの記憶を与えられないままに子供時代をすごしてはならない。**
（『作家の日記』ドストエフスキー）

●お前たちは遠慮なく私を踏台にして、**高い遠い所に私を乗り越えて進まなければ間違っているのだ。**
（『小さき者へ』有島武郎、作家）

23. ベートーヴェンを救ったのは何か

(42) 私の苦悩のただ中、私を救ってくれたのはそれであった。もしかって何の本かで、**人は善行を成し得る限り生くべきものである**と読んでいなかったら、私は疾《とう》に生命を断《た》って、この世を去っていたであろう。
（ベートーヴェン、作曲家、ドイツ）

●君たちの子どもには、美徳を心がけるように言ってください。**美徳だけが人間を幸福にしてくれる。**金ではない。私は自分の経験から言っているのだ。惨めななかでも私を支えてくれたのは美徳だった。自殺して生命を絶とうと思ったこともあったが、そうしないで済んだのは、芸術と美徳のおかげだった。（『ハイリゲンシュタットの遺書』）

24. 不決断の後悔が深く残る

(43) 人間は行動した後悔より行動しなかった後悔の方が深く残る。

(トーマス・ギロビッチ、心理学者、コーネル大学教授)

※私は40代の後半に沖縄のキリスト教系の大学を辞して、家族で京都に移った。佛教を学ぶためである。私の中には、やりたいことをやれる時にやっておかないとあとで必ず後悔するという思いがあった。何よりも死ぬときに後悔するのが嫌だと思った。5人家族で2年間無収入になるので、不安要素は大きかったが、貯えで何とかやれると思った。

佛教大学では大学教員ということで研究員制度が適用されて、大学院・学部・四条センター(佛大の多様な公開講座)などでの2年間の聴講はすべて無料となった。大変ありがたい奨学制度であり、恩恵であった。

やりたいことをやれる時に行動する決断力と行動力の必要性と重要性を痛感した。人間はいつでもやれるわけではない、**潮時**がある。

参考類語

㋐不決断こそ最大の害悪。

(『情念論』デカルト、哲学者)

㋑意志の固い者は、世界を自分に合わせて変える。

(ゲーテ、作家)

25. 国王と特権

（44）「国王ニハ特権ヲ与《あた》フルコト勿《なか》レ」（千葉卓三郎ノート）

（千葉卓三郎（1852〜1883）「五日市憲法草案」（1881（明治14）年）起草者、勧能学校校長、享年31歳）

※「五日市憲法草案」は、全国で発見された40余の「憲法草案」の中で、最も評価の高い「憲法草案」である。1968年五日市（現あきる野市）の深沢家の土蔵から歴史学者の色川大吉氏らによって発見された。私の手元に復刻された「草案」があるが、204条から成る詳細なものであり、三権分立が規定された、民主主義的内容を多く含むものになっている。あとで成立した大日本帝国憲法（明治憲法）より多くの点ですぐれている草案であった。

国王に「特権」を与えると、それを利用する人や集団が必ず出現するからである。明治以降の戦争を視ればよく解かる。千葉卓三郎はそのことを恐れていたのだ。

26. 目線が高くなると、視野が広く遠くなる

（45）高きに登れば人をして心曠《ひろ》からしめ、流れに臨めば人をして意遠《いとお》からしむ。

（『菜根譚』中国）

※私は高3（1957年）の3学期まで大学進学は全く考えていなかった。公務員であった父（享年37歳）が沖縄戦で亡くなったので、経済的に無理だろうと判断したからである。しかし、3学期の終わりごろに担任の瑞慶覧《ずけらん》長方《ちょうほう》先生（のちの沖縄社会大衆党書記長）が朝のホームルームの時間に、「琉球政府」の「試験選抜奨学生」の募集要項を紹介してくれた。それは「琉球政府」と「沖縄社会福祉協議会」の共催による国立民営の日本社会事業大学での「福祉専門家養成」事業であった。私は「これだ！」と思った。

　私は一年間「自宅浪人」して準備した。勉強に疲れると、自家所有の裏山の中腹に登って、那覇の港から出て行く客船を遠くから毎日のようにながめていた。自分もあの客船に乗って東京へ行こうと未来への強い憧れを駆り立てていた。

　翌年選抜試験を受けた。みんな東京にあこがれていたので、定員2名に対して50名ほどの、しかも多くの現役の大学生の混じった受験生が殺到した。私は不安の方が大きかったが、幸運にもその選抜奨学試験に合格した。

　夕方6時の琉球放送（RBC）ラジオのニュースのあとで、合格者の名前が発表されたが、母と一緒にそれを聴いていた。最初に私の受験番号13番が読み上げられたので、まさに天にも昇る飛翔感を感じた。母も涙を流して喜んでくれた。母と中学を卒業して家計を助けていた兄への一つの恩返しができたと思った。奨学金がほとんど無い時代であった。

日本社会事業大学では沖縄の戦後の苛酷な状況を考慮して、「若干名」の「沖縄枠」が設けられていた。沖縄への貴重な配慮であった。

この日本社会事業大学はＧＨＱ（連合国軍最高司令官総司令部）が没収した海軍省の海軍博物館を福祉の専門学校・大学に転用したものであった。日本は福祉の後進国であったので、福祉の専門家養成が急務であった。

選抜奨学生のもう一人の合格者は琉球大学の学生であった。私にとってはこの合格がすべての始まりであった。

私立大学の沖縄での現地試験がない時代であった。ただ早稲田大学では、総長の大浜信泉《のぶもと》氏が沖縄の八重山のご出身であったので、沖縄でも早大の現地試験が行われていた。

27. 民主主義と選択と責任

（46）民主主義は、誰が責任をとるべきかを、人々が自由に選択するシステムである。

（ローレンス・ピーター、カナダの教育学者）

参考類語

㋐自由とは何か？　自由とは選択する権利、つまり自分のための選択肢を作り出す権利のことだ。

（アーチボルト・マクリー、詩人、アメリカ）

㋑**自分の所為に対しては、**如何に面目なくっても、**道義上の責任を負うのが当然だ。**

（『それから』夏目漱石、作家、英文学者）

㋒人間であるということは、**責任を持つ**ということにほかならない。

（サン・テグジュペリ、作家、飛行家、フランス）

㋓真の責任は、**現実の応答**のあるところにのみ存在する。

（マルティン・ブーバー、哲学者）

㋔**デモクラシーとは人民の、人民による、人民のための政治である。**

（リンカーン大統領）

㋕すべての政治は、**利害関係をもつ大半の無関心**に基礎をおいている。

（バレリー、フランスの詩人、批評家）

※この指摘は重要である。「利害関係をもつ大半の無関心」が好ましくない政治状況を持続させてしまう。しかも、将来この「無関心」が自分たちを苦しめることにつながることにも無関心である。戦争などの場合にはその政治への大半の無関心が自己の生死にかかわってくる。

㋖自由諸国では、国民の大半は自由ではない。**彼らは少数者によって彼ら自身にも知られていない目的へと駆り立てられている。**

（『ナショナリズム』タゴール、インドの詩人、思想家）

※その典型が戦争への暗躍である。自分たちの知らないところで戦争への準備が進行する。太平洋戦争前の日本の状況がそうであった。

㋗**世界が静かに落ち着くには、まず人類から愛国主義を叩き出さねばならん。**

（バーナード・ショー、劇作家、批評家、イギリス）

㋘愛国心と名のつくものは、**すべてその根底に戦争の影をちらつかせている。**私がさっぱり愛国的でないのも、そんなところにある。

（『日記』ルナール、作家、フランス）

㋙**あなたは多数派に追従《ついしょう》して悪を行なってはならない。**

（旧約聖書「出エジプト記23—2」）

㋚民主主義という鳥が、**自由という卵**を産むのよ。

（アメリカ映画『ゾロ』）

㋛**市民のつとめは声をあげ続けることだ。**

（ギュンター・グラス、作家、ドイツ）

（47）アメリカの民主主義は、新たな、巨大な、陰険な勢力によって脅威を受けている。

それは「軍事産業ブロック」とも称すべき脅威である。

（アイゼンハウワー「告別演説」1961年1月1日）

※防衛費（軍事費）が増大すると、軍需産業も増大する。そして巨大化した「軍事産業ブロック」が政治を動かすようになる。かって日本も軍部が政治を支配するようになり、アジア諸国への侵略がはじまった。いま岸田内閣は日本の軍事費を5兆円から10兆円に倍増しようとしている。**第9位から世界第3位への軍事大国をめざしている。**「戦争放棄」の憲法を持つ国の極めて危険な兆候である。「平和」憲法は「兵環《へいわ》」憲法へと変質し、**まさに「軍事」と「軍事同盟」に特化した政治体制への大転換である。**

28. 狂信は人間を不幸にする

(48) 宗教でも、**自分が凝ると、**他を信じている者は、皆異端者だと云う事になる。**そういう狂信は、人間を不幸にする……。**

（『わが生活信条』志賀直哉）

参考類語

㋐信仰の敵とは、**狂信であり軽信**である。

（『青春をどう生きるか』亀井勝一郎、評論家）

㋑一宗（一つの宗教）に志ある人**余宗**《よしゅう》（他の宗教、他の宗派）**をそしりいやしむ、大きなる誤りなり。**

（『神皇正統記』北畠親房、思想家）

※人間は社会的、政治的、宗教的な集団に所属すると、そこが思考や判断の基準になってしまう。

ロックフェラーが経営するアメリカの石油大手も業界を支配するようになると、自己の会社を「**スタンダード石油**」にしてしまった。つまり自社が石油業界の「基準」や「標準」になるという支配宣言である。「**石油王**」と呼ばれたロックフェラーの支配の始まりである。

新興宗教においても、それを妄信してしまうと、その認識を改めるのは容易ではない。宗教は**人間を平熱にする**ものであるが、逸脱すると、そういう過信や狂信が起こってくる。妄信する宗教団体への**重度の病的な依存症**になる。いま、日本では韓国生まれの旧統一教会が問題になっている。母親の**過度の献金と過度の依存症**により家庭が崩壊して、息子が手製の銃で「旧統一教会」と関係の深い安倍元首相を暗殺したからである。安倍氏の祖父である岸信介元首相が統一教会の創立者である文鮮明を日本に招いたことが禍《わざわい》の始まりである。

29. 科学は「両刃の剣」

●文明化した人間の八つの大罪

（a）人口過剰　（b）生活空間の荒廃　（c）人間どうしの競争
（d）感性の衰滅　（e）遺伝的な頽廃　（f）伝統の破壊
（g）教化されやすさ　（h）核兵器

（『文明化した人間の八つの大罪』ローレンツ、日高敏隆・大羽更明訳）

※コンラート・ローレンツは動物行動学や習性学の分野において画期的な研究を行い、ノーベル生理学・医学賞を受賞した。この本は「全人類に対する悔悟と改悛の書」であり、人類への警告書である。

科学の成果が悪用された極悪の事例は原子爆弾の製造と使用である。

私が広島の惨状について初めて知ったのは高3の時に読んだ『絶後の記録　広島原子爆弾の手記』（小倉豊文著、広島文理科大学（現広大）教授）によってである。家族の誰かが何処からか借りて来て佛壇に置いてあった。GHQの検閲を受ける前に出版されたので、絶後の凄まじい惨状と混乱が詳細に記録されている。私が衝撃を受けた本の一冊である。現在は講談社から英語版も出版されており、中公文庫も出ている。

（49）生命の特色はそのものだけでは完全ではないという点である。生命は外に出なければばならない。**生命の真理は外と内との交流のなかにある。**

（『タゴール著作集』詩人、思想家、アジア初のノーベル文学賞受賞）

●すべての嬰児《えいじ》は、**神がなお人間に絶望していないというメッセージ**をたずさえて生まれて来る。

●**うわべのみの自由**の名によって、**自由を粉砕**することはまったく容易である。

（『真理への訴え』）

●**古い種子は生命の芽を内部に持っている。**それはただ、新しい時代の土壌に蒔かれる必要があるのだと。

（タゴール初来日時の東大での講演、１９１６年）

●不正によって人は栄え、望むものを得、敵を征服する。されど**本質において滅びているのだ。**

（「文明の危機」）

●**人間の歴史は虐げられた者の勝利を忍耐強く待っている。**

（『迷える鳥』）

●科学は**熱狂と狂言に対するすぐれた解毒剤**である。

（『国富論』アダム＝スミス、経済学者、イギリス）

30. よみがえる魂の記録

(50) 反対に私は、**どんな不幸のなかにも何かすばらしいものが残っていると思うんです。**

自然が、陽の光が、自由が、そして自分のなかの何かが残っています。それを捕まえなければなりません。

（『アンネの日記』１９４４年3月7日）

●**顔をあげて天を仰ぎみるとき、わたしは思うのです――いつかはすべてが正常に復し、この苦しみも終わって、平和な、静かな世界が訪れるだろう、と。**

それまでは、**なんとかして理想を保ちつづけねばなりません。**ひょっとすると、ほんとうにそれを実現できる日がやってくるかもしれないのですから。

（１９４４年7月15日・土曜日）

※日記は１９４２年6月12日から１９４４年8月1日まで続いている。しかし、8月4日に突然の不幸が襲った。アムステルダムのフランク家の〈**隠れ家**〉がドイツ秘密警察ゲシュタポにつきとめられて、8人が拘束され、アンネは、ドイツのベルゼン「強制収容所」へ送られた。アンネはそこで１９４５年3月に亡くなった。わずか2カ月後にヒトラーも自害して、「ヒトラーの戦争」は終わった。豊かな感性と知性が　狂気と化した「ヒトラーの国家」によって抹殺された。『日記』は生き残った父が整理・編集して出版された。

31. めぐって来た春は「沈黙の春」だった

（51）**自然は沈黙した。薄気味悪い。鳥たちは、どこへ行ってしまったのか。みんな不思議に思い、不吉な予感におびえた。……春が来たが、沈黙の春だった。……**

（『沈黙の春』レイチェル・カーソン）

※『沈黙の春』は世界を変えた本である。ＤＤＴを生産している会社や類似企業が一斉に反論した。しかし、それまでの「醜い事実」や「野蛮な行為」の累積が最大の反論となった。「**人間という一族が、おそるべき力を手に入れて、自然を変えようとしている**」実態を明らかにして、人類に選択の時が来たことを自覚させたのである。

●子どもたちの世界は、**いつも生き生きとして新鮮で美しく、驚きと感激に満ちあふれています。**残念なことに、私たちの多くは大人になる前に**澄み切った洞察力**や、**美しいもの、畏敬すべきものへの直観力**をにぶらせ、あるときはまったく失っています。

（『The Sense of Wonder』Ｒ・カーソン）

32. 不思議な少女の不思議な力

(52) 小さなモモにできたこと、それはほかでもありません、あいての話を聞くことでした。なあんだ、そんなこと、とみなさんは言うでしょうね。だれにだってできるじゃないかって。

でもそれはちがいます。**ほんとうに聞くことのできる人は、めったにいないものです。そしてこのてんでモモは、それこそほかにはれいのないすばらしい才能をもっていたのです。**

（『モモ』ミヒャエル・エンデ作、大島かおり訳）

※エンデはなぜ「聴く」特性をもった少女を主人公にした作品を書いたのであろうか？　それは現代社会が、現代人が「聴く」能力を喪失しているからである。「聞く」はテレビを観ながら、仕事をしながらも可能であるが、「聴く」は心を集中して、気持ちを集中して、「聴く」に専心する行為である。「聴」の構成部分を見ても、「大きな耳」と「まっすぐ見つめる目」と「心」の組み合わせになっている。

現代社会は「聴く」の喪失した時代であり、家庭でも学校でも会社でもそうである。「学級崩壊」は子ども達の「聴く力」や「聴く態度」が形成されないままに入学した結果の現象である。作品の中では「聞く」と「聴く」は区別されていないが、モモの「きく」は後者のほうである。モモはすぐれたカウンセラーとも言える。京大名誉教授で臨床心理学者・カウンセラーの河合隼雄先生が生前心理カウンセラーやその職をめざしている人達にこの書を推薦されたのも故あってことである。

33. 国家・社会の在り方

(53) 国の貴賤は繁華をもって定むべからず。**飢寒（飢えや寒さ）の民なく、乞丐《こつがい》（ものごい、こつじき）なきを上国《じょうこく》とすべし。**

（西川如見、江戸中期の天文暦学者）

参考類語

㋐**過去に目を閉ざす者は、しまいには現在に対しても盲目になる。**

（『荒れ野の40年』ヴァイツゼッカー、1985年5月8日に行われた第二次世界大戦敗戦40周年記念演説。西ドイツ大統領）

㋑**いかなる政党も自らのミスチック（あらゆるものの原点にある人間の原初的な力）によって生き、自らのポリチック（原点を忘れ、少数者の利権にふりまわされる人間不在の力）によって死ぬ。**

（『われらの青春』ペギー、フランス）

㋒最も恐るべき悪の住居は国家主義である。（アンドレ・ジョンソン、政治家、アメリカ）
㋓あやまった「多数」の概念から、大きな不幸が生まれようとしている。（ゲーテ、詩人、作家、ドイツ）

●成熟社会とは、人口および物質的消費の成長はあきらめても、生活の質を成長させることはあきらめない世界であり、物質文明の高い水準にある平和なかつ人類の性質と両立する世界である。（『成熟社会』デニス・ガボール、ロンドン大学応用電子物理学教授、ノーベル賞受賞）

34．冷酷な独裁者の出現による甚大な被害と破壊

（54）政治、すなわち手段としての権力と強制力に関係する人間は、悪魔の力と契約を結ぶものである。（『職業としての政治』マックス・ヴェーバー、社会学者・経済学者）
●いかなる国も、よその国の体制や政治に、武力でもって干渉してはならない。（『永久平和のために』カント、哲学者、ドイツ）
※いま、ロシアが正当な理由も根拠もなく主権国家・ウクライナを侵略している。子どもたち、

高齢者、270万余の障碍《がい》者、病人、妊婦、子連れの母親らの避難は困難をきわめている。泣きながら、「死にたくない」という小学生の映像も伝えられている。国外に1500余万人（2023／2現在）、国内でも800万余の国民が避難している。人口4400万余のうち約1700万人が国内外に避難していることになる。国連の発表では民間人の死者もすでに8000人を超えている。日本にも2400余人が避難してきている。**ロシア軍による「戦争犯罪」**もすでに**7万件**を超えている。

聖書の中の「箴言」（6―16）に「**心の忌み嫌う七悪**」とも呼ぶべき警句がある。①「**罪なき者の血を流す手**」②「**不法な計画を企《たくら》む心**」③「**悪に走る速い足**」④「**嘘をつく舌**」⑤「**高慢な目**」⑥「**兄弟の間にいさかいの種を蒔く者**」⑦「虚言を吐く偽証人」、そのすべてがプーチンという独裁者の言動に符合した内容になっている。

参考類語

㋐**戦争も平和な隣の国を攻撃する場合は野蛮な行為だが、祖国を守る場合は神聖な義務ですぞ。**

（『脂肪の塊』モーパッサン）

㋑暴君や殺人鬼があらわれて、無敵に見える時期もあるでしょう。**しかし最終的には、彼らは敗れ去るのです。忘れないでくださいよ。いつでも必ずそうなのです。**

（英・インド合作映画『ガンジー』）

(55) **独裁者は最期の十分までは常によく見える。**

（マーサリク「演説」、政治家、チェコ）

※独裁者の支持率が高いのは国民のウクライナでの破壊の惨状に対する**無知と「虚偽意識」**（正しくないものを正しいと信ずる意識）に支えられているからである。

(56) 人類のあらゆる専制のうち、**最悪のものは心を苦しめるそれである。**

（『雄鹿とひょう』ドライデン、詩人、イギリス）

●**人間がなし得る一番大きな道徳は、戦争を拒否する勇気である。**

（ハリール）

(57) **私の心は苦しい。私は長い間生きてきたが、全くただの一人をも幸福にしなかった。**友人をも、家族をも、自分自身をすら幸福にしなかった。私は三つの大戦争（注：プロイセンとデンマーク、プロイセンとオーストリア、プロイセンとフランス）の原動力である。**私のために80万余の人々が戦禍で死んだ。彼らの母や兄弟姉妹たちが、必ず今や泣き悲しんでいることだろう。**そしてそのことが、私と神との間に立ち塞がっているのだ。

（『回想録』ビスマルク、プロイセン首相、ドイツ帝国初代宰相）

●世界の運命を暴力によって蹂躙《じゅうりん》させない唯一の方法は、**私たち一人ひとりがあらゆる暴力を肯定しないことにある。**

（ガンジー、インドの国父、暗殺）

35. 戦争がもたらすもの

(58) **戦争、それは破滅した家庭であり、雨露しのぐ屋根もなく、パンもなく、お金もなく、仕事もなく、路上をさまよう生活であり、憲兵であった。戦争、それは道路にそう塹壕《ざんごう》によこたわる、殺された貧乏な兵士であり、荒廃に帰した町や村であり、同体をくり抜かれた家々であり、負傷者や瀕死の病人にあふれた野戦病院であった。**そして私は誓うのだった。私の一切の力をもってこの憎むべき元凶《げんきょう》と、戦争と闘うことを、それを準備しそれで生活している者どもと闘うことを、戦争の永遠の犠牲者である人民を防衛することを―。

（『人民の子』トレーズ、政治家、イタリア）

参考類語

㋐**歴史とは、ひょっとしたら避けられたかもしれない事柄の集積である。**

（コンラート・アデナウアー、西ドイツ首相）

※1945年7月25日、連合国はポツダム宣言を発表して、日本に降伏を迫った。しかし、鈴木内閣はそれを**無視**した。もっとも重要な場面での「**不決断こそ最大の害悪**」（デカルト）となって国民に原爆による未曽有の虐殺をもたらしてしまった。国家の政治中枢部の洞察力と決断力の欠如がとりかえしのつかない結果を招いたのである。自己過信した軍部に支配された内閣の忌むべき姿である。

㋑**一切の人類の罪悪を総括したものが、すなわち戦争である。**

（ジョングライト）

㋒戦争が始まったら、**戦わされるのは素人です。**

（アメリカ映画『海外特派員』）

㋓すべての戦争は、**自分が個人的には何の恨みもない赤の他人を殺すこと。**

（マーク・トウェイン、作家、アメリカ）

㋔**兵役を指名された人の2％が戦争拒否を声明すれば、**政府は無力となります。なぜなら、どの国もその2％の人々を収容する刑務所のスペースがないからです。

（アインシュタイン、物理学者、科学者たちの国際的平和運動のリーダー的存在、湯川秀樹博士もその一人であった）

㋕暴君や殺人鬼があらわれて、無敵に見える時期もあるでしょう。**しかし最終的には、彼らは敗れ去るのです。忘れないでくださいよ。いつでも必ずそうなのです。**

（英・インド合作映画『ガンジー』）

㋖何人も、その良心に反して、武器をもってする戦争の役務を強制されてはならない。

（「ボン憲法基本権」ドイツ）

(59) 死んだ人々は還《かえ》って来ない以上／生き残った吾々は何が判《わか》ればいい？

（ジャン・ダルゲュー、フランス）

(60) 国の偉大さの尺度となるのは、危機に際して慈悲心を保てる能力だ。

（サーグッド・マーシャル「ファーマン対ジョージア州裁判」1972年）

(61) われわれは平和時には自由に批判を加えるが、戦争になると、民衆は国家に全権を委任してしまう。彼らは最も低能な本能に訴え、すべての批評を窒息させ、すべての自由を殺し、すべての人道を殺すのだ

（『クレランボー』ロマン・ローラン、作家、文芸評論家）

(62) 人は自分に苦しみを与えたものを実に簡単に忘れてしまう。

（『恐怖省』グレアム・グリーン、1943年）

36. 人生には創造の歓びが必要である

(63) 私が魂のすべてをあげて愛するもの、そのあらゆる美しさを再現しようとつとめてきたもの、**過去、現在、未来を通じて常に美しいもの—それは真実である。**

（トルストイ、作家）

●愛は、それが自己犠牲であるときのほかは愛の名に価しない。

（『トルストイの生涯』ロマン・ローラン）

●生のあらゆる歓びは、恋愛、才能、行為など、**みな創造の歓びである—ただひとつの火炉から立ちのぼる力の火焔である。**

（ロマン・ローラン）

参考類語

㋐人間は自由であり、つねに**自分自身の選択**によって行動すべきである。

（サルトル、哲学者、フランス）

㋑私たちにその**夢を追う勇気があれば**、すべての夢は実現する。

（ウォルト・ディズニー、ディズニーランド創業者、アメリカ）

㋒私は運の存在を強く信じている。そしてその運というのは、**私が学べば学ぶほど、私に**

ついてくるのがわかる。

（トーマス・ジェファーソン、第3代アメリカ合衆国大統領）

㋓森の中で道が二つに分かれていた。そして、**私は―私は人があまり通っていない道を選んだ。それですべてが変わったのだ。**

（『選ばれざる道』ロバート・フロスト、詩人、アメリカ）

㋔善きことは、カタツムリの速度で動く。

（ガンジー、政治家）

37. 経営者・起業家への助言・戒語

(64) するべきことを先に延ばすのは、**もっとも情けない自己防衛である。**

（C・ノースコート・パーキンソン、経済学者）

●**人には困難が必要である。困難は健康のために不可欠だ。**

（『超越機能』C・G・ユング、深層心理学の祖）

(65) **ひとりでいる力をつけよう。**

（トマス・ブラウン、作家）

※青少年や青年の「ひとりでいる力」が衰えてきている。誰かと結びついていないと不安になる。携帯機器がそれを助長している。乗り物の中でもしきりに確認をしている。機器中毒や依存症

の様相である。

（『発句経《ほっくきょう》』）

参考類語

㋐**独り行かんと心をかためよ。**

※天台宗の末寺の後継者も比叡山での100日回峰行がある。独りひとり真夜中に出発するが、先の修行僧と合流しないように一定の時間間隔を置いて出発する。相互に依存しないようにするためであり、回峰行は無言行《ぎょう》だからである。私も「一日回峰行」を2回体験させてもらったことがあるが、やはり懐中電灯を持参しての真夜中の無言行であった。回峰行は「自立」（self-help）と「自律」（self-direction）が徹底して鍛えられるシステムである。修行形態の一つとしての「**歩行**《ほぎょう》」である。

㋑独創的—なにかの新しいものを初めて観察することではなく、古いもの、古くから知られていたもの、あるいは誰の目にも触れていたが、**見のがされていたものを新しいもののように観察することが、真の独創的な頭脳の証拠である。**

（『人間的な、あまりに人間的な』ニーチェ、哲学者、ドイツ）

㋒女という女が同じ形に屈服する社会では、一律性を拒むことがいちばんの独創だ。
（『一つの生活技術』モロア、文芸評論家）

(66) 優秀なマネージャーの条件をひと言で要約するなら、**決断力だと私は思う。**
（リー・アイアコッカ、元クライスラー会長）

●**利益しか生まないビジネスは虚しいビジネスである。**

参考類語

㋐人々は財産を求めるが、**本当に必要なのは充実感である。**
（ボブ・コンクリン、アメリカの著述家）

㋑本物の成功者に共通する資質を一つあげるなら、**人脈を構築し発展させる能力だ。**
（ハービー・マッケイ、実業家、アメリカ）

㋒天才とは、**複雑なことを単純化する能力**のことである。
（C・W・ツェーラム、ドイツの考古学者）

㋓**称賛はこの世で最も強い善の力である。**
（ジョージ・クレイン、心理学者、アメリカ）

㋔ビジネスにおける究極の競争力は、**貪欲に学習し、迅速に行動する能力である。**

㋕**金がないから何もできないという人間は、金があっても何もできない人間である。**

（ジャック・ウェルチ、元ゼネラル・エレクトリック会長）

（小林一三、阪急グループ創業者）

(67) 企業の在り方の中で、**官僚主義ほど発展を毒するものはない。**

（大原総一郎、元クラレ社長、大原美術館の創立者）

※黒澤明の『生きる』という映画では、役所の一部署の課長が余命を宣告されて、それまで放置されていた住民の要望を真剣に処理してゆく物語であった。主人公の志村喬の官吏から奉仕者への変身が印象的であった。

参考類語

最新の研究によると、どの分野であれ、**上位5%の人々**はその他大勢にはない特別な心構えを持っているという。……自分をいつも自営業者と見なしているのだ。**自分が個人的に会社を経営しているつもりで自分の会社に責任を持っているのである。**

（ブライアン・トレーシー、アメリカの経営コンサルタント）

(68) **人間の本当の違いはエネルギーである。強い意志、明確な目的、揺るぎない決意があれば、ほとんど何でも成し遂げることができる。**それこそが偉大な人物と卑小な人物を分ける。

(トーマス・フラー、歴史家、イギリス)

(69) 一流の人は勝利を内面の問題とみなす。だから、他人に勝つことではなく、**自分の中の最もいい部分を引き出すことに意識を向ける。つまり勝利とは、今の自分を超えることなのだ。**

(ビル・ゴーブ、自己啓発啓蒙家)

(70) 成功の秘訣は学校では教わらない。社会に出て成功するために最も重要なのは、知能指数(IQ)でもなければ経営学の学位や技術的なノウハウ、専門知識でもない。**人生で成否を分ける最も重要なファクターは感情指数**(EQ)**である。**

(ダニエル・ゴールマン、アメリカの心理学者)

※EQは**感情**(emotional)指数の意味にも、**教育**(educational)指数の意味にも使われる。感情には「喜怒哀楽」のような情動だけでなく、「情操」のような「**価値感情**」も含まれる。これが重要である。

(71) 人を雇うときは、3つの資質を求めるべきだ。すなわち、**高潔さ**、**知性**、**活力**である。高潔さを欠いた人を雇うと、他の2つの資質が組織に大損害をもたらす。
（ウォーレン・バフェット、アメリカの投資家・経営者、バークシャー・ハサウェイ会長）

参考類語

㋐**人材は必ず一癖ある者の中に選ぶべし。**（島津斉彬）（『島津斉彬言行録』）
㋑全徳の人は得難し、一失あれば一徳あり。（徳川吉宗）（『有徳院殿御実記附録』）
㋒**算用の道知らざる者は、諸事につき悪しきことに候。**常に心懸け申すべく候事。（藤堂高虎）（『高山公実録』）
㋓**太閤**（秀吉の意）**の天下を治め給ふ様にては、二代続くべからず。**（『名将言行録』黒田如水）
※秀吉の統治能力や経営能力では二代続くことはあり得ないという宣言である。歴史はその通りになった。如水の洞察力であり、先見性である。
㋔ある人物を正しく判定したいときには、まず自らに問うべきである。「**この人を上司に持ちたいかねー?**」
（『切れっぱし』トゥホルスキー、作家、ドイツ）

㋕なんでもやってみなはれ、やらなわからしまへんで。（鳥井信治郎、サントリー創業者）

(72) どの分野でも成功と最も関係が深いと思う資質を一つだけ選ぶとすれば、**粘り強さだと私は思う。**粘り強さとは、物事を最後までやり抜く意志の強さであり、70回倒れても71回起き上がる不屈の精神のことだ。

（リチャード・デボス、アメリカの実業家）

参考類語

㋐あなたは**最も多くの時間を共有している5人の人物の平均**である。

（ジム・ローン、アメリカの実業家）

㋑人間はつき合っている人間に似てくる。

（アメリカの格言）

(73) ＩＢＭ・創業者（ワトソン）の五つの言葉

① **read**（本や資料をよく読め） ② **hear**（人の話を集中して聴け）
③ **discuss**（人とよく話し合え） ④ **observe**（事物をよく観察せよ）
⑤ **think**（広く深く考えよ）

参考類語

㋐リーダーシップとはリッスンに始まりレスポンドで終わるものだ。
（ピゴース、行動科学者、アメリカ）

Leader の六つの語（動詞）の頭文字を合成したものと考えることができる。
①**Listen**（聞く、聴く）、②**Explain**（説明する、具体的に示す）
③**Assist**（援助する、助言する）、④**Discuss**（話し合う、討論する）
⑤**Evaluate**（評価する）、⑥**Respond**（回答する。応答する、見解を示す、責任をとる）

以上の六つの要素・能力は米国では、「**管理・監督者の条件**」と考えられている。

㋑リーダーシップとは、人のビジョンを高め、成果の水準を高め、人格を高めることである。
（ドラッカー、経営学者、オーストリア）

（74）**成功の秘訣は、いかなる職業であっても、その第一人者たることを期することである。**
（カーネギー、12歳で紡績工場へ、アメリカの「鉄鋼王」）

●誰でも機会に恵まれないものはない。ただそれを捕《とら》えなかっただけだ。

（75）成功に秘訣というものがあれば、**それは他人の立場を理解し、自分の立場と同時に、**

他人の立場からも物事を見られる能力である。

（ヘンリー・フォード、フォード・モーター創立者）

※フォードはミシガン州の農家の出身であったが、16歳でデトロイトへ出て、機械工になった。25歳でエジソン電気に転職し、チーフエンジニアにまで出世したが、1903年にフォード・モーター社を設立した。最初は自動車の部品を製造し、それから本格的な自動車生産をはじめた。生産した「T型フォード」が爆発的に売れるようになり、のちに「**自動車王**」と呼ばれるまでになった。

（76）**私たちの財産—それは私たちの頭の中にあります。**

（モーツァルト、手紙、1778年2月7日）

※手紙の一節ではあるが、とても示唆的な言葉である。財産はなくても、頭の中にはある。**頭の使い方によっては「無」から「有」が生じる。**一人でも可能であるし、集団でも可能である。むろん、時代的・地域的な制約はある。物や制度や設備の有無によっても可能性は制約される。科学や通信機器が発達して、利用できる範囲が全国ネットやユニバーサルネットに拡大すれば、

可能性も増大する。障碍《がい》者が無人コンビニの仕事として自宅に居てリモートワークで客に対応できる試みも始まっている。

(77) 人の仕事のうちで、いちばん大切なことは、**後継者を得ることと、その仕事を引き継がせる時期を選ぶことである。**

（伊庭貞剛（1847〜1926）、別子銅山中興の祖）

38. 人間と責任

(78) **人間の器は、その人間が進んで受ける責任の重さによって測ることができる。**

（『エマーソン論文集』　哲学者、作家、アメリカ）

参考類語

㋐自分自身の本当の姿を知るものは、**自分以外のどんな力にも利用されたり支配されたりすることはない。**

（ル・グウィン、作家）

㋑無責任とは良心の欠如ではなく、**自らの判断を変えないことに固執することである。**

（カント、哲学者）

ⓤ**なんという傑作だ。人間というやつは！**　理想は気高く、その力は無限、その形とその動きは変化をきわめ、その動作は豊かにして正確、理解力は天使にも似る。神のような人間、世界の宝、生ある物の鑑！　（『ハムレット』シェイクスピア、劇作家、イギリス）

ⓔ**倫理とはすべての生きとし生けるものへの、無限に拡大された責任である。**／生を維持し促進するのは善であり、生を破壊し生を阻害するのは悪である。

（シュヴァイツァー、医学者、演奏家、神学者）

ⓞ天地の間に人ほど貴きものはなし、**其智恵有るがゆへなり。又、天地の間に人程あさましきものはなし。これも智あるがゆへ也。**

（『町人嚢』西川如見、天文暦学者）

ⓚ**人間は朝から晩まで仮面を被っている。**ただ飯を食う時だけは仮面をとる。

（「断片」夏目漱石）

●仮面をとらんでも飯が食える者は終始つけて居る。華族だの金持はこれである。だから**華族や金持は仮面だか本当の顔だかわからない顔をして居る。**

ⓚ義務の重荷からわれわれを開放することのできるのは、**良心的な実行のみである。**

（『ヴィルヘルム・マイスター』ゲーテ、作家、詩人）

ⓚ人間は自由なものとして生まれながら、**いたるところで鎖につながれている。**

（『社会契約論』ルソー、啓蒙思想家、フランス）

㋘生物学的に考察すると、**人間は最も恐ろしい猛獣**であり、しかも同じ種族を組織的に餌食《えじき》にする唯一の猛獣である。

（ジェームス、アメリカの心理学者）

39. 教育および子どもと教師

(79) **教育の目的は、美しいものを愛する心を教えることである。**

（プラトン、紀元前380年）

(80) 教育の目的は事実についてではなく、**価値について知ることである。**

（『理性の訓練』ウィリアム・ラルフ・イング、神学者、哲学者）

(81) **教育の目的は、空っぽの心と開かれた心を入れ替えることだ。**

（『マルコム語録』マルコム・フォーブス、1986年）

参考類語

㋐……教育において守るべき第一の点は**品性を建つるにあり、**…

（『武士道』新渡戸稲造、農学者、東京女子大学長）

㋑誘掖《ゆうえき》（導き助ける）して之《これ》を導くは、教の常《つね》（常道）なり。**警戒して之を喩《さと》すは、**教の時《じ》（時宣《じせん》）なり。**躬行《きゅうこう》（自分みずから行う）して以て之を率るは、**教の本《もと》（根本）なり。**言わずして之を化《か》（感化する）するは、**教の神《しん》（最高の技）なり。

（『加納治五郎—私の生涯と柔道—』、柔道家、講道館創設者）

（82）教育の目的は性格の形成である。

（『社会静力学』スペンサー）

※イギリスの産業革命期の企業経営者であったロバート・オウエンは独自の学校を設立したが、その校名は「**性格形成学院**」という名称であった。**彼は人間のもつ資質のうちで「性格」を最も重視した。したがって、教師の人選も性格や人間性を重視した。**

日本は学校教育の中では「性格形成」をそれほど重視してないが、私はこれをもっと重視すべきだと考えている。大学院のころ参加した教師の集まりの中で、東欧から来た教育使節団が日本の学校を視察して、どうして子どもたちの性格形成をもっと重視しないのですかという質問があった。もう一つ印象に残ったのは、日本の先生方の忙しさは「**管理する忙しさ**」ではないですかという指摘であった。

（83）被造物のうちで、教育を必要とするのは人間だけである。

（『教育学について』カント、哲学者、ドイツ）

参考類語

子どもは一冊の本である
　ペーター・ローゼッカー
すべての子どもは一冊の本である
その本から／われわれは何かを読み取り
その本に／われわれは
何かを書き込んで／いかねばならぬ

※この詩は周郷博先生（お茶の水女子大教授、付属幼稚園園長、教育社会学者）がスイスのドイツ語圏の幼稚園を訪問されたとき、壁に掲げられていたドイツ語の詩をメモしてこられて、訳されたものである。

子どもは内容の豊かな本である。しかし、読み手によって深い読み取りもあり、浅い読み取りもある。したがって、書く内容も深浅の差が出て来る。つまり、子どもは教師の力量が問われる本である。深い読み取りができる教師は、豊かな内容の本ができあがる。そうでない教師の本は貧しいものとなる。それが教育実践に顕われて来る。

（84）**教育の目的は、各人が自己の教育を継続できるようにすることにある。**

（『教育論』デューイ、教育学者、哲学者、アメリカ）

※つまり、子ども一人ひとりの**自己教育力の育成**が重要になる。

●強い意志と弱い意志の主な**相違は知的なもの**であって、それは**どれほど粘り強く十分に結果を考え抜くかという点にある。**

（『民主主義と教育』デューイ）

●**思考という要素**を何ら含まないでは、意味をもつ経験はありえない。

（デューイ）

参考類語

㋐**自己教育の真の方法は、すべてのことを疑ってみることである。**

（ミル『自叙伝』）

㋑教育とは、あなたがいかにたくさん記憶するとか、また、いかに多く知るかということではない。**それは、あなたが知っていること、知らないことをきちんとわかるようにすることである。**

（アナトール・フランス、作家、詩人、批評家、ノーベル賞受賞）

ⓤ**教えることは二倍学ぶことである。**（ジェセフ・ジュベール、思想家、哲学者、フランス）

㋓**反復はきわめて効果的な方法だ。**それが何であれ、何度も心の中で繰り返し唱えているうちにやがて現実になる。（トム・ホプキンズ、アメリカの著述家）

㋔**物暴《にわ》かに長《ちょう》ずるものは必ず夭折《ようせつ》し、功速《こうすみ》やかに成るものは必ず壊《え》し易し。**（『禅門宝訓集』）

㋕池中に種々の蓮華《れんげ》ありといえども、**若し日月の光りに照触《しょうしょく》せざれば則ち開発《かいほつ》して種々の香を出さず。**（『婆沙論』佛教書）

㋖**人皆己々《おのおの》の得たる所一つあるものなり。**その所得《しょとく》をとりて、これを用《もち》うれば、すなわち人を捨てず。（『東海夜話』沢庵禅師）

㋗文明とは、**いわば漠然とした同質性から明確かつ一貫した異質性への進歩である。**（『総合哲学大系』スペンサー、哲学者、イギリス）

㋘文明とは、**暴力に訴えるのを最後の手段にするための努力**以外のなにものでもない。（オルテガ、哲学者、スペイン）

●私は〈私＋私の環境〉である。

㋙キリスト教的欧米文化は「**罪の文化**」であり、日本の文化は「**恥の文化**」である。（『菊と刀』ルース・ベネディクト、文化人類学者）

㋚あえて教える道を選んだ者は、**決して学ぶことをやめてはならない。**

（ジョン・コットン・ダナ、ライブラリアン、アメリカ）

(85) 私は、教育家の口から、児童生徒の個性尊重の話を聞くたびに、今日の教育の救われないものになった理由を痛感します。教育と宗教とは、別物でありますけれども、**少なくとも宗教に似た心に立った場合に限って、訓育も知育も理想的に現れるのだと考えます。**この情勢がなくては、教育法も、教育学も、意味が失われてまいりましょう。**児童生徒の個性を開発するものは、児童生徒の個性ではなく、教育者の個性であります。**

（折口信夫、民俗学者、歌人名は釈迢空）

参考類語

宗教は人間陶冶の根本である。

（ペスタロッチ、教育者、教育思想家）

※特定の宗教を信仰していなくても、宗教心を持つことは、教師にとっては必要なことであり、重要なことである。宗教心の有無によって子ども観も、教育観も、教師観も、使命感も異なってくる。宗教心は人生のエネルギーともなり、行動の源泉ともなる。

(86) 従事する仕事は何でもかまわぬ、居る所の地位はどんなに低くてもよい。ただ**ある一事に関しては天下この人をおいて他に人なし**という位、重んじられる人にならねばならない。
（沢柳政《まさ》太郎、旧制一高・二高校長、京都帝大総長・東北帝大初代総長、成城学園創始者）

(87) 教育の目的は、唯才徳の発達を促すに外されざれども、**其方法、千差万別、際限あるべからず**。
（福沢諭吉、啓蒙思想家）

参考類語
教育の目的は、**何を考えるべきかではなく、いかに考える**べきかを教えることである。
（ビーティ、詩人）

(88) 平凡な教師は言って聞かせる。よい教師は説明する。優秀な教師はやってみせる。**最高の教師は子どもの心に火をつける**。
（ウィリアム・ウォード、教育者、アメリカ）

参考類語

㋐教師は魂の技師である。

（ゴーリキー、作家、ロシア）

㋑好奇心という能力は、自然のつくった最初の教育機関なのです。

（スマイリー・ブラントン、精神科医、アメリカ）

㋒話し合い、耳を傾け、承認し、任してやらねば、人は育たず。やっている姿を感謝で見守って、信頼せねば、人は実らず。

（『思い出のマーニー』ロビンソン）

㋓俺《あっし》は、どんなつまらない野郎にでも人前で叱言《こごと》を言ったことがござんせん。

（清水次郎長、東海道随一の侠客、明治期には海運業・土木業などの実業家、富士山麓の開墾などにも貢献）

※明治政府の逓信大臣・榎本武揚から**人心掌握術**を問われた時の言葉である。最初は躊躇したが、大臣から「何かあるだろう？」と促されて発した言葉である。告別式にはかっての「子分」たち数千人が参加したとも伝えられている。

（89）もっともよい教師とは、子どもとともに笑う教師である。もっともよくない教師とは、子どもを笑う教師である。

（『問題の子ども』ニール、教育家、イギリス）

参考類語

㋐**どんなことでも生徒に教え込もうとしか考えていない教師ほど、ひどいものはない。**

（『ヴィルヘルム・マイスターの遍歴時代』ゲーテ）

㋑**アイデアは好奇心から生まれる。**

（ウォルト・ディズニー）

㋒6歳の子どもに説明できなければ、理解したとは言えない。

（アインシュタイン、物理学者）

●**真の知性とは、知識ではなく想像力だ。**

●想像力はあなたを自由にどこへでも導く。

(90) 子どもの才能が伸びるのかどうかを知りたいのなら、知識技能を獲得する早さにではなく、**物事に熱中し目に涙をためることがあるかに注目しなさい。**

（R・グルモン、詩人、作家、評論家）

(91) 人間は、かれが日常従事している**労働のうちに、かれに世界観の基礎**を求めなくてはならない。かれは主として、自分の労働から自力で見聞を引き出すようにしなくてはならない。であるから、あらゆる子供に教えられる知識は、かれの労働を中心として集約されなくてはならない。

（『リーンハルとゲルトルート』ペスタロッチ、教育思想家）

●人間の精神が**一つの事柄に**向かって余りに偏し、また余りに**強制的に**導かれると、**人間は自己の力の均衡ないしは知恵の力を失う。**

（『隠者の夕暮れ』ペスタロッチ）

●忍耐心を持たなければならないようでは、**教育者としては失格**である。愛情と歓びを持たねばならない。

●**人間を変えようと思うなら、人間を愛さなければならない。**

●**愛**は愛することにより、**信仰**は信仰することにより、**学問**は研究することにより、**思**考は思考することにより培われる。

●**「他人のためにすべてを捧げ、自己のためには何物をも欲せず」**

（ペスタロッチの墓碑銘）

（92）**生徒の学ぶ意欲を高揚させずに教えようとする教師は、**冷たい鉄をつち打っているにすぎない。

（『語録』ホレース・マン）

参考類語

父親というものは、どんなにすぐれた人であろうとも、自分の子どもをうまく教えることはできないものだ。……教育の邪魔をするのは熱心さである。

（『児童教育論』アラン、哲学者、フランス）

※2006年6月に奈良県で父親の「熱心さ」が悲惨な事件を誘発した。祖父も医師、父も医師、継母も医師の「医師一家」であった。少年は県内有数の進学校である東大寺学園高校（1年生）に通学していた。父親が「家庭教師」であった。これは最悪である。彼の勉強室は「集中治療室」と呼ばれていた。少年は自宅に放火した。父親の殺害が目的であった。しかし、父親はその日は同僚医師の送別会があって、三重県の勤務先の病院に宿泊していた。継母と異母兄弟の弟（小2）と妹（保育園児）の3人が焼死した。私はとてもつらい気持ちでこのニュースを聴いていた。少年の成績は学年の中で中位のレベルだった。「化学」は学年平均が77点に対して少年は87点の高得点であった。低得点の「英語1」は学年平均が70点に対して少年は51点であった。少年はこの20点の得点差が父親に知られことを最も恐れていた。実際は若干のデコボコはあっても伸びる要素は十分にあったと私は推測した。校長先生もこのまま伸びていけば医学部進学は可能だったと語った。父親のあせりと「熱心さ」が少年を追い込んでしまった。

「**唯一の選択肢**」の中で生きる少年の辛《つら》さと哀《かな》しさである。

(93) 子供たちのことで、何かを直してやろうとするときにはいつでも、**それはむしろわれわれの方であらためるべきではないかと、**まず注意深く考えてみるべきである。

(『人格の成長について』ユング、国際精神分析学会会長、バーゼル大学、チューリヒ大学教授、分析的心理学の創始者、深層心理学者)

●**依存症はどういうものでも良からぬ結果をもたらす。**アルコールであろうと、モルヒネであろうと、**理想主義であろうと。**

(『回想、夢、思考』ユング)

(94) **人間の大きな欠点は、**いくつもいくつも小さな欠点があるということ。

(『ジーベンケース』ジャン・パウル、作家、批評家)

●**自分にも人にも愚《ぐ》に見える仮面がある。教師の仮面である。**

(『断片』夏目漱石、作家、評論家)

●忠君愛国は都合のいい仮面である。

※「人」を表すPersona（ペルソナ）は「**仮面**」の意もある。人間は仮面を被った動物とも言える。

(95) **子供に疑いを持たぬよう教えた場合の悲劇**を考えてみたまえ。

（クラレンス・ダロウ『学校で進化論を教えるか否かをめぐる裁判での演説』１９３２年）

(96) 人類の歴史はだんだんと**教育対破局の競争**となってきている。

（『歴史概観』Ｈ・Ｇ・ウェルズ）

※日本における太平洋戦争前の学校教育を視ると、教育が破局をくい止めるのではなく、教育が破局を助長するような教育体制になっていた。学校教育や社会教育が政治権力の支配手段に悪用されたからである。国定教科書も「**不都合な真実**」に満ちていたので、戦争が「無条件降伏」で敗北すると、その不都合な部分が墨塗《すみぬ》りにされて、「**墨塗教科書**」という汚名を刻印されることになった。それは軍国主義教育の歪みと偏向を象徴的に顕在化させ、歴史的汚点となった。

（97）全ての子供は世界の光にも闇にもなり得るのです。

（City Montessori School in Lucknow. India）

※インドのラクナウ市にあるCity Montessori School（CMS）は20のキャンパスに2万9000人の児童・生徒を擁するインド最大の私立学校である。

インドのガンジーとファシズム体制のイタリアから亡命したモンテッソーリの社会・教育思想を理念として1959年に設立された学校である。モンテッソーリはイタリアの最初の女医であり、障害児の教育から出発して、モンテッソーリ教育法とモンテッソーリ教具を開発した医師・教育者であり、教育思想家である。日本でもカトリック系のモンテッソーリ幼稚園が全国に普及している。

CMSでは、**非暴力の紛争解決方を学び、実践する仲裁力の育成が強調されている。**1992年にアヨージャという町でイスラム教の神聖なモスクがヒンズー教過激派によって破壊されて、全国的な暴動が起こり、3000余人の死者を出した。しかし、CMSのあるラクナウ市では**人口の40%がイスラム教徒**であったにもかかわらず、この暴動をくい止めることができた。これが私立学校の教育による地域貢献であり、社会貢献であり、平和貢献であり、仲裁力及び非暴力の人材育成である。

(98) **教育の最高の成果は寛容である。**（ヘレン・ケラー）

●本物の人格は、安楽と平穏からつくられることはない。挑戦と失敗の苦しみの経験を通してのみ、精神は鍛えられ、夢は明確になり、希望が湧き、そして成功が手に入る。こうして初めて本物の人格ができあがるのだ。（ヘレン・ケラー）

参考類語

㋐**よい教育とは、後悔を教えることである。**後悔は予見されれば、天秤に一つの重みをおく。（『恋愛論』スタンダール、作家）

※日本の学校教育においては、敗戦後、教師たちは「**反省**」や「**後悔**」を語ることも教えることもしなかった。重要な機会を無にしてしまったのである。政府や国家レベルの検証委員会も設置されることはなかった。政治の分野も同じであった。軍部の暴走も政府の機能不全も検証されず、あいまいなまま放置されてしまった。問題点を指摘したのはアメリカ教育使節団であった。民主主義国家においては国家レベルの失敗や過ちは**政府レベルの検証委員会が不可欠である**。

㋑子供は**疑問符然として入学し、句点となって卒業す。**

（『破壊工作としての教え』ニール・ポストマン）

（99）**自然は人間の施す教育以上の影響力**をそのうちにいだいている。

（『モリエールの生涯』ヴォルテール、哲学者、作家、評論家）

参考類語

出てこい、万物の光の中へ！／**自然を教師とせよ！**

（『逆転』ウィリアム・ワーズワース、詩人、イギリス）

（１００）**独創的な表現と知識の悦びを喚起させるのが、教師の最高の術である。**

（『教育について』アインシュタイン、理論物理学者）

●人間の真の価値は、**自己からの解放の度合い**によって決まる。

※アフガニスタンで医療活動や農業支援活動などの国際貢献活動をされていた故中村哲医師や、インドで貧困者や病者や孤児などの保護・救済活動に献身された故マザー・テレサ女史らの活動は、「自己からの解放の度合い」の大きい活動であった。人間は「**自己のための活動**」が中

心になりがちであるが、人間は「**類的存在**」であり、どういう形であれ「**他者のための活動**」が必要である。

●**想像力**は知識よりも重要である。知識には限界がある。しかし**想像力は無限に世界を駆けめぐる。**

（アインシュタイン）

●大切なのは**疑問を持ち続ける**ことだ。

（同）

（101）**いかに示唆するかを知ることは教えの偉大な術である。**

（『日記―1864・10・27』アミエル、哲学者、スイス）

●決心する前に、**完全に見通しをつけようとする者は、決心することはできない。**

（『日記』）

（102）**子どもと遊びたわむれることのできる人のみが教育する権利がある。**

（マダム・スタール、フランスの文学者）

（103）ありきたりの筋道に合った話をする大人の議論よりも、子供たちの**予期しない質問**から教えられるところが多いと思われます。

（『教育に関する考察』ロック）

●**真の知識は理論的なものである。**理論的知識なくして知能はなく、また真の知識もない。
（『学生に就いて』三木清）

（104）重大事故の背後には「**29**」の軽度のミスや失敗があり、さらにその背後には「**300**」の「認識された潜在的失敗」が存在する。
（「ハインリッヒの法則」）

この法則は主に「労働災害」の発生頻度と重大事故との相関性を追究したものではあるが、他の人間領域の集団や活動にも適用できる普遍性を含んでいる。

2022年9月5日、静岡県牧之原市の認定こども園・川崎幼稚園で園の危機管理の欠如と園全体の多重ミスにより、園児の河本千奈ちゃん（3歳）が死亡した。登園時の通園バスの中に「**未確認**」のまま5時間も「放置」され、降園時のバスのドアを開けた時に倒れて意識のない状態で発見された。救急車で病院に運ばれたが、1時間半後に死亡が確認された。駆け付けた救急隊員が千奈ちゃんの身体に触れた時、体温が非常に高かったという。むろん熱射病によるものである。家から持ってきた水筒も空になり、上着も脱いで幼児なりの「生きる努力」をしていたのに密室空間の高温に耐えることはできなかった。**警察の現場検証では、通園バスの中は1時間後には40度を超え、正午過ぎには45度をこえた**

と報道されている。子どもの限界をはるかに超えた高温である。きわめて残酷な事故である。運転手も確認をせず、添乗職員も確認をせず、クラス担任も確認をせず、主任も園長も点検をせず、誰一人気づく者はいなかった。保護者からは「出席」の連絡が園には届いていたのに、それさえも見過ごされてしまった。園の中で一人の子どもに深く強いかかわりをもっている職員が一人もいなかったということは、**子どもの生命と保育を委託された園としては極めて異常なことである。基本中の基本が確認も点検もされなかったということである。**

「日常」に向かっていたはずの幼児が通園バスの中に置き去りにされ、時間とともにバスの中が「**焦熱《しょうねつ》地獄**」（熱や暑さで苦しめられる地獄）と化し、幼児の体と心を著しく苦しめる結果となった。想像しただけで息苦しくなる事故である。幼児は「**不在《ふざい》の恐怖**」（自分を助けてくれる大人がまわりに一人もいない恐怖）にも襲われたでしょう。

「重大事故」の背後にある軽度のミスや失敗や怠慢に真摯に向き合っておれば、園児の「死」に至るような「事故」は起こらなかったはずである。無念の極みである。駐車場の一画に供えられた多くの花束と何百何千の飲み物の供物が悲しくも事故を象徴していた。

政府は全国に点検を指示した。いつもの「**対策政治**」の繰り返しである。類似の事故は過年度にもあった。外国の先進事例を参考に「**対策**」ではなく「**政策**」を実行しておれば、このような悲しすぎる事故は起こらなかったでしょう。その意味では、**この事故は政府・管轄官庁の「怠慢」の結果でもあり、「対策政治」の結果の悲劇でもある。**

（105）子どもを不幸にするいちばん確実な方法はなにか、それをあなたがたは知っているだろうか。**それはいつでもなんでも手に入れられるようにしてやることだ。**

（ルソー、フランスの啓蒙思想家）

●**子供のまわりにいるすべての人の先生**になれなければ、けっして子供の先生になることはできない。

（同）

（106）**知恵を求めることは、人間の最高の目的**であり、**人間の自己決定の最高の行為**である。

（フレーベル、世界初の幼稚園の創設者）

●**遊びは未来の全生活の萌芽である**／遊びはあらゆる善の源泉である／遊びは内面的なものの自主的な表現である／遊びは人間のもっとも純粋な精神的産物である。

（『人間の教育』フレーベル）

●**「あとで」は、あと過ぎる。**

（『収穫』アルテンベルク）

※多くの母親は「いま、お母さんはいそがしいから、あとでね」という。子どもの話は、タイミングや鮮度が大事である。「あとで」になると、タイミングを逸してしまうし、子どもの話したい欲求もしぼんでしまう。子どもの教育はささいなことの積み重ねであり、**どれだけ受容的に、共感的に、恒常的に**対応できるかが大事である。

●子供の時分から保たれている**美しい神聖な想い出が何よりも一番よい教育者だろうと思う。**

（ドストエフスキー、作家、ロシア）

（107）身体を訓練しない者は身体を使う仕事をなし得ないごとく、**精神を訓練しない者はまた精神の仕事を行なうことができない。**

（『ソークラテースの思い出』クセノフォーン）

（108）**学問が政治や経済の支配勢力に奉仕する侍女《じじょ》となったり、利用される奴隷となったりする危険**は今日いよいよ増大している。

（『次代学問のすすめ』末川博、立命館大学元総長、法学者）

40. 人間の多様性と独自性

（109）**人一度にしてこれをよくすれば、己はこれを百度し、人十度にしてこれをよくすれば、己はこれを千度す。**

（『中庸』中国）

（110）**あなたの精神が健康か否かを計る尺度はどこにでも良いことを見つけられるか否かである。**

（エマーソン、哲学者、アメリカ）

（111）**およそ共感というものは、理解によって限定されるものである。**われわれは、われわれの理解できる限度で、他人に共感を持つことができるのである。

（『心』ラフカディオ・ハーン＝小泉八雲）

参考類語

㋐人間のなかには軽蔑すべきものより**賞賛すべきものがより多くある。**（『ペスト』カミュ）

㋑いかなるものといえども、**必ず急所（死命を制する場所）を持つものだ。**急所を見別け得るものは成功する。

（『急所について』横光利一、作家）

㋒個人は集団と対立しながらも、**集団から糧《かて》を得るものだ。**

（『侮蔑の時代』マルロー、フランス）

㋓**どんな些細な勝利でも、一度自分に勝つと人間は急に強くなれるものである。**

（マクシム・ゴーリキー、作家、ロシア）

㋔**人間は笑うという才能によって、**他のすべての生き物より優れている。

（ジョセフ・アディソン、詩人、劇作家）

㋕かけがえのない人間になるためには、**常に他人と違っていなければならない。**

（ココ・シャネル、シャネル創業者）

㋖首《はじ》めを唱ふる時にあたりては、中々《なかなか》後《のち》の譏《そし》りを恐るるやうなる碌々《ろくろく》なる了簡《りょうけん》にて、企事《くわだてごと》は出來ぬ者《もの》なり。

（杉田玄白、蘭学医、蘭学者）

㋗大事なのは、まだ誰も見ていないものを見ることではなく、誰もが見ていることについて、誰も考えたことのないことを考えることだ。

（シュレーディンガー、植物学者、オーストリア）

㋘**身をたもち生を養ふに一字の至れる要訣あり。**是を行へば生命を長くたもちて病なし。……その一字なんぞや**畏《おそれ》の字**是《これ》なり。

（『養生訓』貝原益軒、江戸時代の儒学者、本草学者）

㋙人間の最も立派な所有物、最も尊い宝は、自尊心である。

（ジャッキー・ロビンソン、米国初の黒人メジャーリーガー）

※1945年ニグロ・リーグに入り、46年ドジャースのマイナーリーグに移り、47年メジャーに昇格する。ジャッキー・ロビンソンの映画を観たが、彼に対する暴言や罵倒や侮蔑はすさまじいものだった。彼はそれに耐えて野球人生を貫徹した。4月15日に打席に立ったのを記念して、その日は「ジャッキー・ロビンソン・デー」と命名されて、この日には希望者はメジャー全体で永久欠番となった42番をつけてプレーすることになった。

（112）その人はいつまでも悪循環から脱出することができない。**脱出したいと思うなら、何事かに真剣な関心を寄せるしかない。**

（『幸福論』ラッセル、哲学者、科学者、イギリス）

参考類語

吾れ、つねにここにおいて切なり。

（『洞山録』洞山良价）

（113）我等の為し得る最善のことは、**他者に対する冷酷さを抑えることである。**

（『近代日本の発想の諸形式』伊藤整、作家）

※国内においても「他者に対する冷酷さ」は過去も現在も歴然として存在している。歴史的にみても、封建時代から持続された身分差別の問題、つまり「同和地区」の差別問題、明治以降のアイヌへの和人および行政による差別、日本政府の沖縄への冷酷な差別（**米軍基地70余%を80余年間も**沖縄に放置しているのは、まぎれもなく、沖縄への冷酷な差別である）、在日朝鮮人・韓国人への虐殺（関東大震災時）や執拗なヘイトスピーチなど、顕在・潜在を問わず、さまざまな差別や冷酷さが存在している。

●古典を学ぶとは、そのまま全体をよしとして受けとることでなく、**古い、すたれた形の中に埋もれたおそるべき真実を拾い出すこと**だと私は信じている。

（『古典とともに』伊藤整）

（114）**あなたの強さは、あなたの弱さの中から生まれる。**

（ジグムント・フロイト、精神分析の創始者）

※17歳でウィーン大学医学部に入学、卒業後はユダヤ人であるため、大学に残れず、臨床医となる。しかし、のちに実績と業績を得て、ウィーン大学医学部教授となる。研究・実践は多方面にわたり、その影響は近代精神医学だけでなく、犯罪学、社会学、文化人類学、神話、美術、芸術など多領域に及んだ。弟子にはアドラーやユングなどがいる。娘のアンナは児童精神分析学の創始者となる。

（115）マイナスをプラスに変えることができるのは人間だけがもっている能力である。

（アドラー、精神医学者）

- 生きていくうえで課される問いの答えは、「真理」によってではなく「ライフスタイル」によって決定される。
- ライフスタイルを変化させれば、あらゆる人生の課題を新しい視点で見るようになる。
- 人の行動はすべて目標によって決まる。
- 人生のあらゆる問題は、対人関係の問題である。
- 相手を愛する方法は自由だが、自分に依存させてはならない。
- 人生の意味は貢献、他者への関心、協力である。

（116）**天下最も多きは人なり、最も少なきも人なり。**

（『日本智嚢』黒田如水、武将、大名）

※人は意味の上からは「霊和《ひと》」と考えられている。つまり、「霊」は「知的・精神的に優れていること」、「和」は「人間的・人格的な調和のとれた存在」という意味である。そういう人は極めて少ないのが現実である。人は多くても人間的にバランスのとれた人は少ないのである。教育も理想とするところは、「全面的発達」や「調和的発達」の人間の育成であるが、理想と現実のへだたりはまだまだ大きいままである。

　それにしても、黒田如水という武将はなかなかの人物であったと考えられる。仕えた秀吉よりもその才智ははるかに高位にあったと考えられる。指導者に必要な「洞察力」と「決断力」と「行動力」が優れていたことが推察される。如水は秀吉の統治能力を洞察して、「二代続くべからず」、つまり二代続くことはありえないと予見していた。秀吉はこの人物を怖れていたのではないだろうか？

（117）恋愛は性欲と質を異にするものではなく、**より高き形における性欲である。**

（『出家とその弟子』倉田百三、作家）

●**性の目覚めと同時に善への憧憬**をよびさまされるということは何という不思議な、そしてたのもしいことであろう。これが多年の健康性の表徴だ。ヒュマニテーの根源だ。

●**愛とは他人の運命を自己の興味とすることである。**他人の運命を傷つけることを畏れる心である。

（『愛と認識との出発』）

（118）**人皆に美しき種子《たね》あり。**

（詩集『一人のために』安積得也、政治家、詩人）

※人は皆何らかの可能性をもっている。しかし、それが皆開花するとは限らない。自己実現のためには本人の可能性と意欲、適切な環境、よき指導者と助言者が必要になる。

41. 人間の可能性と自己実現

●**どのような人間でも、たとえその生来の能力がほとんど無に等しくても、真理を願い求め、真理に到着するために注意と努力をおこたらないならば、天才にのみ約束されているあの王国に入ることができる。**

（『神を待ちのぞむ』シモーヌ・ヴェイユ、哲学者、フランス）

※人間の可能性に対してこれほど深く、全面的な信頼を与えている哲学者はいない。「限りない可能性」という言葉はよく使われるが、それは抽象的で漠然としている。しかし、ヴェイユの人間の可能性に対する信頼は徹底している。「たとえその生来の能力がほとんど無に等しくても」と底辺に焦点を当てている。

（119）**自分自身を超える行為が、生の最高の行為である。それが生の原点であり、創造である。**

（『断章』ノヴァーリス、詩人、ドイツ）

参考類語

㋐**悔恨こそ自己再建を実現する偉大な力である。**

（マックス・シェーラー、倫理学者、ドイツ）

㋑**人間の最大の価値は、**人間が外界の事情にできるだけ左右されずに、これをできるだけ左右するところにある。

（『ヴィルヘルム・マイスター』ゲーテ、詩人、作家、ドイツ）

㋒人間というのは、**自分のもっているものの総体ではなくて、まだもっていないけれども、持つかもしれないものの総体である。**

（ジャン・ポール・サルトル、哲学者、作家、フランス）

㋓人間からあらゆるものを取りあげようとしても、絶対に取りあげることができないものが一つだけある。**いかなる環境に置かれても自分の心の持ち方を選択できる自由だ。**これは人間の究極の自由である。（ヴィクトール・フランクル、精神科医、オーストリア）

㋔かけがえのない人間になるためには、**常に他人と違っていなければならない。**（ココ・シャネル、「シャネル」創業者）

㋕人間は必要に迫られると、すぐに実力を発揮する。（ピタゴラス、哲学者、ギリシャ）

（120）人間は、自分の限界よりも、ずっと狭い範囲内で生きているにすぎず、いろいろな能力を使いこなせないままに、放置しているのである。（ウィリアム・ジェームズ、心理学者、アメリカ）

※人間は一生涯で2～3割ぐらいの能力しか使用しないで、あとは「未使用」のままでおわると言われる。記憶量も兆余の許容量があっても、1億も記憶はしない。狭い範囲で生きているとその傾向がより顕著になる。かなりの余地を残したまま生涯を終えてしまうことになる。

参考類語

㋐**可能性をぎりぎりにおしすすめて行くことこそが、**私の存在理由を決定する。

（『失われた青春』田宮寅彦、作家）

㋑わたしは存在する。**だがわたしは存在理由を見つけたいのだ。**なぜわたしが生きているのか知りたいのだ。

（ジード、作家、フランス）

●**機会というものは、**いつも**初めは、**一**つの危機として来るか、あるいは一つの負担として来る。**

（相馬愛蔵、新宿中村屋創業者）

㋒**人の生き方を一番よく表すのは、**言葉ではなく、**その人の選択である。**

（エレノア・ルーズベルト、第32代アメリカ大統領夫人）

㋓人生最大の報酬は知的活動によって得られる。

（マリー・キュリー、物理学者、ノーベル賞受賞）

（121）人間のなかには、彼が現に顕現することができているその力のほかに、**なお測り知りがたい量の力がひそんでおり、**生活はおびただしい可能性の中から、きわめてわずかな可能性だけを選び出して実現し、そのため**残りの多くの可能性を闇から闇に葬っている。**

（ジンメル、哲学者）

（122）**成功するか否かは、その人の「能力」よりも「情熱」による。**

（チャールズ・バクストン、作家、イギリス）

参考類語

㋐ことの成功不成功は、その人物の**能力よりも精神的態度**による。

（ウォルター・スコット、詩人、作家、イギリス）

㋑**強さに欠けているのではない、意志を欠いているのである。**

（『レ・ミゼラブル』ユーゴー、フランス）

㋒**熱意は力なり。必ず到達せんとするところを指せる、一種の引力なり。**

（『熱意』北村透谷、文芸評論家、詩人）

㋓**何事も達成するまでは不可能に見えるものである。**

（ネルソン・マンデラ、南アフリカ元大統領）

※南アフリカ初の黒人大統領である。白人政府の下で「国家反逆罪」で27年間刑務所に拘束されていた。

㋔**人は、できないものを見つけることで、**できることを見つける。

㋕**発見とは、万人の目に触れる物を見て、誰も考えなかったことを考えることである。**

（『自助論』サミュエル・スマイルズ）

（セント・ジェルジ・アルベルト、生化学者）

（123）**必要性とは可能性の隣人である。**

（ピュタゴラス、哲学者、数学者、科学者、宗教者）

※ピュタゴラス（紀元前572～494?）は、道徳と宗教を基調とした教団を設立して、集団で生活し、輪廻転生《りんねてんしょう》を説いて魂の不滅と禁欲と浄化をめざした。しかし、迫害を受けて、南イタリアのクロトンからルカニアのメタポンティオンに移った。教団は宗教のみならず、数学、幾何学、天文学、音楽、哲学などを追求した。ピュタゴラス派のキーワードは「**万物の根源は数である**」であり、万物を数で説明しようとした。

（124）本当に踏み越えるとは、**歴史の中に備わっている弁証法的に進展する傾向を知り、活性化することである。**

（『希望の原理』ブロッホ、作家）

※この主張はエンゲルスの「自由とは認識された必然性である」を想起させる。自然に法則があるように、社会の発展にも法則がある。その法則を科学的に認識することによって、社会を変革し、社会を活性化させ、社会を発展させることができる。

●**知識は、われわれが天に飛翔する翼である。**

（『ヘンリー六世』シェイクスピア、劇作家）

参考類語

人間はなれる可能性をもつものになる必要がある。

（『動機と人間性』マズロー、心理学者、「自己実現の心理学」を提唱、アメリカ心理学会会長も歴任）

42. 人間と科学・芸術

（125）私の前にいつも輝いていて、私を生きる喜びで満たしてくれる理想は、**善と美と真理とである。**

（アインシュタイン、理論物理学者、ノーベル物理学賞受賞）

●わたしたちは**知性を神格化しないよう**十分に注意しなければなりません。知性は強力な筋肉を持っていますが、人格は持っておりません。

●何かを学ぶためには、自分で体験する以上にいい方法はないのです。
●寛容と無関心は違う。寛容には**理解と共感**がなければならない。もっとも大切な寛容さは、**社会や国家の個人に対する寛容さである**。
●どんな政治でも、ある程度は**邪悪なもの**である。
●私達が体験できるもっとも美しいものは、神秘です。そして、**この神秘が芸術と科学の源です**。
●**大切なのは、疑問を持ち続けることだ。神聖な好奇心を失ってはならない**。

（126）生き残ることのできる生きものは、最も優れた生態能力を持った種族ではなく、**環境の変化に順応できる種族である**。

（『種の起源』ダーウィン）

●この群島の生物は特色がいちじるしく、よく注意する価値がある。多くの生物はその土地固有のもので、他所にはどこにも見ないものである。**島が異れば、棲む種類も変わっている**。

（『ビーグル号航海記』ダーウィン）

参考類語

㋐生物は、変化しうるがゆえに安定なのである。

（『からだの知恵』キャノン）

㋑己の性《しょう》を尽くし、人の性を尽くし、物の性を尽くす。

（森田正馬《まさたけ》、精神科医、慈恵会医科大学教授、森田療法創始者）

㋒自らの他《た》に勝《まさ》ることは単に注意力の一点なり。

（ニュートン、物理学者、イギリス）

●もし私が遠くを見ることができたとすれば、**それは巨人達の肩に乗ったからである。**

（127）**忍耐を要す／精密を要す／草木の博覧を要す／書籍の博覧を要す**（「勉学心得」）

（牧野富太郎博士、植物分類学者、東京大学理学部講師、第一回文化功労章受賞、文化勲章追贈）

※小学校を中退し、独学で植物分類学を高度な水準にまで高め、多くの新植物を発見した。その命名になる新種1000、新変種1500に達した。その業績は世界的にも知られている。

それゆえに「**日本植物学の父**」と言われるようになった。世界的な研究者であった牧野富太郎博士に対して「文化勲章」が授与されたが、しかし、それは「**追贈**」（死後）であった。どうして晩年に「授与」されず、亡くなってから「追贈」されたのか、私はとても疑問に思った。土佐を巡礼しながら無念の思いが去来した。その境涯を考えると、唯一無比とも言える研究者であり、「追贈」は私の中では?のままである。

（128）**私の描く人物はすべて由緒ある歴史的な人物や、高徳の士で、平素からその学徳を敬い、慕っている人物であります。**ただ、わけもなく、漫然と描いているわけではありません。またその顔や姿も、すべて文書でよくしらべて、悉《ことごと》く根拠のあるものでありますので、まずよく読書してしらべ、その出生の家や、土地まで行ってたしかめたうえでの作でありますから、一つの作品をつくるのにも、心も体も、とても疲れるのです。

（富岡鉄斎、人文・南宋画家）

（129）**私の絵の師はいつも自然そのものです。**いつも自然に対して謙虚に私の工夫など一切せず、無工夫にその心を写すように、平素から心掛けています。ですから私は、絵を描くことが面白くて、面白くて、たまらない程です。

（川合玉堂、日本画家、文化勲章受章）

（130）芸術上のことでも、そうであります。**自分の力の及ぶ限り、これ以上は自分の力ではどうにもならないという処まで工夫し、押しつめて行ってこそ、はじめ**

て大いなる神仏のお力がそこに降されるのであります。天の啓示とでも申しましょうか、人事の最後まで努力すれば、かならずそのうしろには神仏の啓示があって道は忽然と拓けてまいるものだと、私は画道五十年の経験から、しみじみとそう思わずにはいられません。

（上村松園、日本画家、文化勲章受章）

（131）**わたしにとって、絵画は破壊の総計である。わたしは描き、それから、それを破壊する。**

（ピカソ、画家、スペイン→フランスで活躍）

●青の絵の具がないときは、赤の絵の具を使えばいい。

●**アインシュタインの天才がヒロシマを招いた。**

参考類語

どんなものも、それに**ふさわしい時と所**におかれて、美しくないものはない。

（ミレー、画家）

（132）**芸術家は計測器をその手に持たずして、その目に持たなければならない。**

（『語録』ミケランジェロ、彫刻家、画家、イタリア）

参考類語

㋐立派な画家になるためには、四つのことが必要である―**軟らかな心、繊細な眼、軽やかな手、いつもきれいに洗ってある筆。**（アンセルムス・フォイエルバッハ、画家、ドイツ）

㋑**自然の存在物との関係に根拠をもつ美以外に、持続的な美はない。**（『「私生児」に関する対話』ディドロ、哲学者、フランス）

（133）**どこか遠くへ行きなさい。仕事が小さく見えてきて、もっと全体がよく眺められるようになります。不調和やアンバランスがもっとよく見えてきます。**（レオナルド・ダ・ヴィンチ、画家、彫刻家、建築家）

参考類語

㋐**私にとって最大の危機は、**高い目標を目指して失敗することではなく、**低い目標を目指して達成することである。**（ミケランジェロ、彫刻家、建築家、画家）

㋑**最良の、そして最も真実な友は貧しい人々です**―金持ちは友情などまるで知りません。（モーツアルト「手紙」、1778年8月7日）

㋒**一日練習を休む**と自分でわかる。**二日休む**と批評家にわかる。**三日休む**と聴衆にわかってしまう。

（イグナーチ・パデフスキー、ピアニスト）

（134）わたしたちが一緒に喋り合った、と言うより**筆談し合ったあの数日がどんなに**わたしに楽しかったでしょう。**あなたの才気あふれる、愛らしい、魅力ある答が書かれた小さな紙片は皆取って置いてあります。ですからあの束の間の対話の一番良い所がかきのこされたのも、この悪い耳のお蔭と喜んでいます。**

（1810年8月1日）　（『ベートーヴェンの手紙』（上）岩波文庫）

●神がもし、世界でもっとも不幸な人生を私に用意していたとしても、**私は運命に立ち向かう。**

（前掲書）

●私に出来ることは何か？　運命以上のものになることだ！

（前掲書）

（135）芸術とは、自然が人間に映ったものです。**大事なことは鏡をみがくことです。**

（ロダン、彫刻家、フランス）

●彫刻には独創はいらない。**生命**《いのち》がいる。

（『カテドラル』ロダン）

参考類語

㋐**美の威力は計り知れない。**美を感じない連中にまで影響をおよぼす。

（『恐るべき子供たち』コクトー、詩人、劇作家、フランス）

㋑傑作は我々の最も繊細な感情に奏でる一種の交響楽である。

（岡倉天心、明治期の美術指導者、東京美術学校校長）

㋒愛情と技量が一緒に働く時に、傑作が期待できる。

（ジョン・ラスキン、評論家）

㋓**美を感じるのはその人の心の深さに比例する。**

（武者小路実篤、作家）

㋔芸術家の天職は、**人の心の奥に光を送り込むことである。**

（シューマン、作曲家）

（136）**何事も目のつけやうこそ大事なる物也。**よき所に目をつけて学ぶ人は、はやくそのよき事を得るなり。

（柳沢淇園《きえん》、江戸中期の文人画家、詩人、日本南画の先駆者の一人）

43. 人間と自由・選択

（137）**自由とは、常に別様に考える自由である。**

（『ロシア革命』ローザ・ルクセンブルク、革命家）

※「別様に考える」や「もう一つの選択」は常に必要である。自由と選択肢は不可分に結びついたものである。封建時代のような身分社会では身分に拘束されて、生き方の選択の余地がないか、選択の余地が極限されていた。近代市民社会は基本的には職業選択が自由になり、人間の生き方も自由に選択できるようになった。

●互いに自由を妨げない範囲で、わが自由を拡張すること、これが自由の法則である。

（『断片』カント、哲学者）

●自由とは、すべての特権を有効に発揮させる特権である。

●自由と我儘《わがまま》との界《さかい》は、他人の妨げを為《な》すと為さざるとの間にあり。

（『学問のすゝめ』福沢諭吉、啓蒙思想家）

（138）**あらゆる人が自由になるまでは、なに人も完全に自由たりえないし、あらゆる人が幸福になるまでは、なに人も完全に道徳的たりえない。**

（『社会静力学』スペンサー）

（139）**自由とは、法の許すすべてのことをなす権利である。**

（『法の精神』モンテスキュー、政治哲学者、フランス）

（１４０）われわれが安泰と願望する来るべき日々において、われわれは人間にとって不可欠な四つの自由―**「言論・表現の自由」「信教の自由」「欠乏からの自由」「恐怖からの自由」**―のうちに樹立された世界を望むものである。

（『年頭教書―１９４１』フランクリン・ルーズベルト、米合衆国大統領）

44. 深く悲しむことのできる人間

（１４１）**世界のどこかで、誰かが被《こうむ》っている不正を、心の底から深く悲しむことのできる人間になりなさい。**

（「子どもたちに遺した手紙」チェ・ゲバラ、ブエノスアイレス大学医学部卒の医師、革命家）

※チェ・ゲバラ（１９２８〜１９６７）は、ボリビア解放戦線の中で、政府軍とそれを支援する米軍に捕まり、射殺される。

●ばかばかしいと思われることを覚悟で言わせてもらえば、**真の革命家は、愛という偉大な感情によって導かれている。**

（チェ・ゲバラ）

●**ぼくは新しい運命＝目的地**へと向けて出発しなければならないのです。

※次の言葉は、ゲバラがキューバを離れる際にカストロ首相が贈った別れの言葉である。

「チェは、道徳の巨人です。**彼のように純粋で、真に尊敬に値する人間の存在は、**腐敗した政治家や偽善者がはびこる今こそ、より一層際立って見えます。」

（チェ・ゲバラ）

45. 日々に新面目あるべし

（142）時々気を転じ、日々に情をあらたむ

（芭蕉『笈《おい》の小文』）

参考類語

㋐人生は我々に期待どおりのものをくれるが、**それは意外なところで、意外な方法で、意外な時に行われる。**

（A・ファーブル・リュス）

㋑随処《ずいしょ》に主《しゅ》となれば　立処皆真《りっしょみなしん》なり。

（自己の主体性を確立しておれば、どこに居てもすべて皆真実へと展開される）

（『臨済録』臨済義玄禅師、中国）

㋒春に百花あり秋に月あり

夏に涼風あり冬に雪あり
若し閑事の心頭にかかる無くんば
便《すなわ》ち是《こ》れ人間の好時節
（『無門関《むもんかん》』十九則、中国）

㋓幸福はコークスのようなものだ。何か別の物を作っている過程で偶然得られる副産物なのだ。
（ハックスリー、作家、イギリス）

㋔目に見えるものも、見えないものも、遠くに住むものも、近くに住むものも、すでに生まれたものも、これから生まれるものも、一切の生きとし生けるものに幸いあれ。
（『スッタニパータ』）

㋕**心地あしく苦しき時も、この子を見れば苦しきこともやみぬ、腹立たしきことも慰みけり。**
（『竹取物語』）

㋖この世にとりて**第一にめでたくおぼゆることは、阿弥陀佛**こそおはしませ。
（『無名草子』）

㋗いづこえも我は行かましみ佛のおわし給わぬところなければ
（岡本かの子、歌人、作家）

人は人吾はわれ也とにかくに吾行く道を吾は行くなり
（西田幾多郎、哲学者）

㋘わたし自身のことを振り返り思い出してみると、それはほとんどいつでも日常生活のなかでの**静かなひと時**である。そんな時こそ、わたしが最も幸せな時であった。

㋙ものごとの美は、それをじっと見つめる人の心のなかにある。
（『自伝』アリサ・クリスティー、作家）

㋚行く手をふさがれたら、**回り道で行けばいいのよ。**
（『悲劇について』ヒューム、詩人、文芸批評家、哲学者）

㋛**総《すべ》ての個性には、自らの美がある。**
（エマーソン、哲学者）

㋜**精神濃度**というものがあって0から100まで目盛りがあるとすれば、通常人の平均値が45ぐらいで、30以下になると、病気にかかりやすいということが考えられる。
（メアリー・ケイ・アッシュ、実業家）

（『透明な自我』シドニー・ジェラード、フロリダ大学、心理学者）

※むろん、これは仮説であるが、私にはとても興味深い仮説である。病気だけでなく、人間の諸活動にも適用できる仮説だからである。人間は精神的動物であり、個人的・社会的諸活動やどの職業においても精神濃度は常に必要である。それが「**集中度**」や「**生き活きしさ**」や「**満足度**」や「**飛躍**」となって現れるからである。

㋝**失敗者は「ない」で考えを終わる。成功者は「ない」から考え始める。**
（『スティーブ・ジョブズ　危機を突破する力』）

ⓈⓄ晴れた日は晴れを愛し、雨の日は雨を愛す。
楽しみあるところに楽しみ、楽しみなきところに楽しむ。
（吉川英治、作家、俳人）

Ⓣ我々は、**他人に幸福を分け与えることにより、それに正比例して、自分の幸福を増加させるのだ。**
（ジェレミー・ベンサム、経済学者）

Ⓒ**困難な何事かを克服するたびごとに、私はいつも幸福を感じます。**
（ベートーヴェン、作曲家、ドイツ）

Ⓣ人間の幸福の二つの敵は、苦痛と退屈です。
（ショーペンハウアー、哲学者、ドイツ）

○私にとって最高の勝利は、ありのままで生きられるようになったこと、自分と他人の欠点を受け入れられるようになったことです。
（オードリー・ヘップバーン、女優、ユニセフ親善大使）

●美しい唇であるためには、美しい言葉を使いなさい。
美しい瞳であるためには、人の美点を探しなさい。
●あなたには、二つの目と二つの手があります。
ひとつの目は自分を見つめなさい。
もうひとつの目は、人をみなさい。

ひとつの手は自分のために、もうひとつの手は困っている人にさしのべなさい。

●「impossible（不可能）」なことなど何もない。
この言葉自体がそう言っている。
「I'm possible（私にはできる）」と。

第二部　佛教からの示唆

1．日本佛教の祖師のことば

（1）茶は養生の仙薬なり、延齢の妙術なり（『喫茶養生記』）

（栄西禅師＝明庵栄西、臨済宗開祖、日本の茶祖）

（2）心暗きときは、即ち遭《あ》う所悉《ことごと》く禍《か》なり。**眼《まなこ》明《あきら》かなるときは、即ち途《みち》にふれて皆宝なり。**

（『性霊集《しょうりょうしゅう》』空海、真言宗開祖）

（3）悪事を己《おのれ》に向《むか》へ、好事《こうじ》を他に与え、**己を忘れて、他を利《り》するは慈悲の極なり。**

（『山家学生式』最澄、天台宗開祖）

●一隅《いちぐう》を照らす、此《こ》れ則ち国宝なり。

（『山家学生式《さんけがくしょうしき》』）

（4）**それ事《こと》は独《ひと》り断《さだ》むべからず**　必ず衆《もろもろ》とともに宜《よろし》く論《ろん》ずべし。

●信《しん》は是《こ》れ義《ことわり》の本《もと》なり。事毎《ことごと》に信あれ、其れ善《よ》きも悪《あ》しきも成《な》るも敗《やぶ》るるも、要《かなら》ず信に在《あ》り。

（聖徳太子、日本佛教の祖）

（『十七條憲法』聖徳太子）

（5）一丈の堀を越えんと思わん人は　一丈五尺をこえんと励むべきなり

（『一言芳談《いちげんほうだん》』法然上人、浄土宗開祖）

●智者《ちしゃ》のふるまいをせずして、ただ一向《いっこう》に念仏すべし。

（『一枚起請文《いちまいきしょうもん》』）

●善人《ぜんにん》なおもて往生《おうじょう》す、いわんや悪人《あくにん》をや。

（『法然上人伝記附三心料簡および御法語』（醍醐本））

参考類語

㋐慈心《じしん》をもち相向《あいむか》ひ、佛眼《ぶつげん》をもて相看《あいみ》る。

（善導《ぜんどう》大師、中国）

㋑法《のり》（佛のおしえ）の海よしいかばかり深くとも汲《く》みほすまでは汲まむとぞ思ふ

（福田行誡、増上寺（浄土宗大本山）法主、浄土門主（浄土宗管長））

●宗旨《しゅうし》によって佛教を説《と》くべからず／佛教によって宗旨をとくべし。

（6）弥陀《みだ》の誓願《せいがん》（あらゆる衆生を救済しようとする弥陀佛の願い）不思議にたすけまいらせて、往生をばとぐるなりと信じて、念佛もうさんとおもいたつこころのおこるとき、すなわち、摂取不捨《せっしゅふしゃ》の利益《りやく》（おさめ取って捨てない阿弥陀佛の心）にあずけしめたまうなり。

（『歎異抄《たんにしょう》』親鸞聖人）

●念仏者は無碍《むげ》（さまたげるものがない）の一道《いちどう》なり。

●他力《たりき》（本願）と言うは如来《にょらい》の本願力《ほんがんりき》なり。

（『教行信証《きょうぎょうしんしょう》』）

（7）山に登らば須《すべか》らく頂きに到るべし。海に入らば須らく底に到るべし。

（『永平広録《えいへいこうろく》』道元禅師《どうげんぜんじ》、曹洞宗《そうとうしゅう》開祖）

●愛語《あいご》は愛心よりおこる、愛心は慈心《じしん》を種子《しゅうじ》とせり。愛語《あいご》よく回転《えてん》の力あることを学《がく》すべきなり。

（『正法眼蔵《しょうぼうげんぞう》』）

●佛門に多くの門あり、何をもてかひとえに坐禅をすすむるや。／これ佛法の正門《しょうもん》なるをもてなり。

（8）よろづ生きとしいけるもの、山河草木、吹く風たつ浪の音までも、念佛ならずということなし。

（『一遍上人語録《いっぺんしょうにんごろく》』時宗《じしゅう》開祖）

●生ぜしも独りなり。死するも独りなり。されば人と共に住するも独りなり。そひはつべき人なき故なり。
（『門人伝説』）

（9）**世の中はまめで四角で柔らかで、また老弱にもにくまれもせず。**
（『豆腐讃』隠元《いんげん》禅師、黄檗宗《おうばくしゅう》開祖）

●**参禅《さんぜん》は、一人《いちにん》と万人と敵《てき》するが如くに相似《あいに》たり。**
（『宗祖真空華光大師御遺誡』）

参考類語

大慈大悲の神様が、もし、地上に下された豆があるとすれば、それは、うたがいもなく「**いんげんまめ**」である。
（『虫と自然を愛するファーブルの言葉』平野威馬雄訳）

※黄檗宗《おうばくしゅう》の隠元《いんげん》禅師はインゲン豆のほか、煎茶《せんちゃ》、普茶《ふちゃ》料理、きゅうり、たけのこ、なども日本に伝えた。そのほかに「黄檗文化」と呼ばれるものは、建築、音楽、印刷、文学など多岐にわたっている。

（10）我より劣《おと》りたらん人をば我が子の如く思いて、**一切あわれみ慈悲あるべし。**

●百人千人なれども、一つの心なれ必ず事《こと》を成ず。
（『上野殿御消息』日蓮聖人、日蓮宗開祖）
●蔵《くら》の財《たから》よりも身《み》の財《たから》すぐれたり。身の財より心の財第一なり。
（『崇峻天皇御書』）
●親によき物を与へんと思ひて　せめてすることなくば一日に二、三度笑みて向へと也。
（「上野殿御消息」）

2．高僧・佛教者のことば

（11）佛の人をおしえ給《たま》ふおもむきは事《こと》にふれて執心《しゅうしん》（とらわれの心）なかれとなり。
（鴨長明、歌人、随筆家）
●多く罪を作れりとて、卑下《ひげ》すべからず。深く心を発《おこ》して勤め行へば、往生する事、又かくの如し。
（『発心集《ほっしんしゅう》』）

（12）大慈は一切衆生《しゅじょう》に楽《らく》を与うるなり、大悲は一切衆生の苦《く》を抜《ぬ》くなり。
（龍樹《りゅうじゅ》、大乗《だいじょう》佛教の理論的確立者、インド）

参考類語

心に人を哀れんで、人の苦しぶことを見ては我が苦しびと思ひ、人の喜ぶ事を見ては我が楽しびと思ふ

（『今昔物語集』）

（13）佛教だけは一つの偏《かたよ》りもなく、鳥や獣、草木まで含めてあらゆるものを救済する。縁のある衆生が救われることは言うまでもないではないか。このようにその宗旨は広大なのである。

また、佛教は我が国に伝わってから約二千年間、天皇家を保持して今日に至っている。その効果や功績は赤々と照り輝いて見えるであろう。だからこそ、佛法はインドの佛法とのみ言うべきではない。つまり、日本国の佛法なのである。

（『閑愁録《かんしゅうろく》』坂本龍馬）

●昔、空海・弘法大師はあらゆる神や佛は大日如来の慈悲の現れであるとする本地垂《ほんちすい》迹《じゃく》の教えを立て、法然上人は阿弥陀佛の他力《たりき》によって悪人も救済されて極楽に往《ゆ》くと説《と》かれた。こうした佛教の教えを伝えたことは、法然や空海の実に卓抜《たくばつ》した智慧や知識があったからであろう。

（前掲資料）

※1990年から91年にかけてネパール・インドの佛跡巡礼をした時、5000年の歴史を有するヒンズー教による人間や自然物のランク付けを強く感じた。釈尊の生誕地であるネパールのルンビニのホテルに宿泊して、翌朝早く起きて外へ出てみた。われわれを案内してきたバスの下の地面にバスの助手をしている青年が寝ていた。バスの中ではなく地面にである。不思議に思って、案内人に訊《き》いてみた。彼はとても身分が低いので、そういうことが当たり前になっているとのことであった。固定化された身分制度の苛酷《かこく》さを見せつけられたようで、大きなショックを受けた。彼の人生は、これからも同じ「身分」が続くのである。

インドの新聞の何面も埋め尽くされた「婚活」掲示紙面を見ても、自分の「身分」が明示されていた。多くが同じ身分か、前後の身分を希望していた。たまに「身分を問わず」もあった。

アメリカへの留学経験のある法務大臣がヒンズー教から佛教に改宗した話も聞いた。

インドではヒンズー教徒が80%以上を占めており、佛教徒は0・8%位と言われている。

佛教は「国土草木」を含む「万物」に「**悉有仏性**《しつうぶっしょう》」（万物ことごとくにほとけの命やほとけの性質が宿っている）があると考えている。したがって、人間を「万物の霊長《れいちょう》（最も優れたもの）」とは考えない。龍馬が「一つの偏りもなく」と言っているのはそういう佛教の「**万物**《ばんぶつ》**皆同**《かいどう》」の教えを意味している。

(14) **勢い、使い尽《つ》くすべからず。もし使い尽くさば、禍《わざわい》必ず至る。福、受け尽くすべからず。福、受け尽くさば、縁《えん》必ず孤《こ》なり。**

(法演禅師、中国)

(15) **縁《えん》あれば生《しょう》じ縁去れば滅《めっ》す、ただ因縁《いんねん》の去来《こらい》を説《と》くべし。**

(慈雲尊者＝飲光(おんこう)、江戸後期の黄檗宗の学僧)

参考類語

つく縁あればともない、離るべき縁あれば離る

(『歎異抄』)

※佛教の世界観は「縁生縁滅《えんしょうえんめつ》」である。縁があれば生じ、縁が去れば滅する。縁の働きが重要である。自然界も、宇宙も、人間界も縁生縁滅のくり返しである。「永遠」を連想させる地球も太陽もいつの時か滅する。

(16) **万《よろず》は悉く《ことごと》唯我独尊《ゆいがどくそん》なり、釈迦《しゃか》も**唯我独尊なり、**孔子も**唯我独尊なり、**我も**唯我独尊なり、**禽獣虫魚草木も**皆唯我独尊なり。

(二宮尊徳)

※仏教は「万物皆同」の宗教であり、「皆同皆尊」の宗教である。人間と動物と植物の間に区別を設けない。**それぞれの特徴**がちがうだけである。「みんなちがってみんないい」の世界である。その点では、この二宮尊徳の『書簡』の簡潔な要約はみごとである。

●富は人の欲する処《ところ》なり。然《しか》りと雖《いえど》も、**己が為にする時には禍《わざわい》是《これ》に随ひ、世の為にするは福是に随ふ。**

（『二宮翁夜話』）

（17）**尋《たず》ね来て宝の道に入る人は此《これ》より深く奥を尋ねよ**

（『明恵《みょうえ》上人歌集』、栂尾《とがのお》高山寺に止住《しじゅう》、華厳宗中興の祖）

●人は常に浄頗離《じょうはり》の鏡（生前の行いがすべて映し出される鏡）に、**日夜の振る舞ひの映る事を思ふべし**。これは隠れたるところなれば、これは心中にひそかに思へば、人知らじ、と思ふべからず。

（『栂尾《とがのお》明恵《みょうえ》上人遺訓』）

●**阿留辺幾夜宇和《あるべきようわ》という七文字を持つべきなり**。僧は僧のあるべき様、俗は俗のあるべき様なり。乃至帝王は帝王のあるべき様、臣下は臣下のあるべき様なり。**此《この》あるべき様を背《そむ》く故に、一切悪しきなり。**

（18）宝の山に入りて手を空《むな》しくして帰ることなかれ

（源信、平安中期の天台宗の学僧）

●摂取不捨《せっしゅふしゃ》の光明は　念ずる所を照すなり

（『来迎和讃《らいごうわさん》』）

●今念佛を勧《すす》むることは、これ餘《よ》の種々の妙行《みょうぎょう》（すぐれた修行）を遮せん（じゃまする、さえぎる）とには非ず。ただ是れ、男女貴賤、往生坐臥《ざが》を簡《えら》ばず、時処《じしょ》諸縁を論ぜず、これを修するに難《かた》からず。

（『往生要集《おうじょうようしゅう》』）

（19）食うことと着ることのふたつ欠けぬれば、身命《しんみょう》やすからずして、かなしきことかぎりなし。

（蓮如上人）

※この文言の背後には戦国時代の農民の貧しさがある。封建時代は搾取のシステムが確立された時代であり、凶作や天災があれば餓死者もでた。その限界に達した時、一揆や暴動が起こった。貧しき者たちの持つエネルギーの爆発である。1488年の本願寺門徒による加賀一向一揆、1563年徳川家康と戦った三河一向一揆などが著名である。一向宗は浄土真宗の異称である。

●人の悪《わろ》き事は能《よ》く能く見ゆるなり。わが身の悪き事は覚えざるものなり。

（『蓮如上人御一代聞書』）

(20) 旅に出た、どこへ、ゆきたい方へ、ゆけるところまで

（山頭火『日記』昭和10年12月6日）

●旅、旅、旅―私を救うものは旅だ、旅の外にはない。

分け入っても分け入っても青い山／炎天食べるものはない一人

水音のたえずして御佛《みほとけ》とあり／春風の扉ひらけば南無阿弥陀佛

どうしようもないわたしが歩いてゐる

雲の如く行き風の如く歩み水の如く去る

※山頭火は二つの願いを持っていた。一つはいい俳句を創ることであり、もう一つは「ころり往生」である。独りの人間の一つの生き方である。妻子をそのままにして、旅僧となって随地を放浪した人生ではあったが、苦悩の人であった。

(21) かんしゃくはかんしゃく玉ちゅうって宝ですけぇなあ、玉ちゅうものはめったに人に見せなはんすなよ

（足利源左、妙好人）

参考類語

腹立っときゃ／ブツブツ申せ／ブツはブツでも／南無阿弥陀佛 （浅原才市、妙好人）

（22）**天地も施し、空気も施し、水も施し、植物も施し、動物も施し、人間も施す。―施しあい。―われわれはこの布施し合う中にのみ生きておる。**有難いと思うても思わないでも、そうなのである。 （澤木興道、禅僧）

●宗教とは、外の世界をつくりかえるのではない。**こちらの目、耳、みかた、アタマをつくりかえるのである。**

（23）人死して冥府《めいふ》に至れば、**生国位階《しょうこくいかい》（生まれた国や身分・階級）は不問なり。**

（『随感漫録』如如庵楊堂）

（24）**何の事業も皆佛行なり**／佛行の外なる作業有るべからず。**農業すなわち佛行なり**

（『万民徳用《ばんみんとくよう》』鈴木正三《しょうさん》、禅僧）

●**佛法というは、**ただ今の**我心をよう用いて今用に立《たつ》る事なり。**

(25) 夫《そ》れ初心の時、坐禅を専《もっぱ》らになすべし。（『一休仮名法語』）

● 「ナルヨウニ、ナル。シンパイスルナ」（一休禅師の遺言）

※弟子たちは、この高僧の遺言は何か特別のことが書いてあるのではないかと想像した。しかし、「遺言箱」を開けてみたら、人の通常の「心構え」が書いてあるだけだった。特別のことは必要ではない、今までやってきたことを今まで道理やりなさいということである。

一休禅師の遺言は一休という禅僧が生きて来たような遺言であり、とらわれのない人生の遺言である。

(26) **彼を先にし我を後にするの思いをもって思いとなし、他を利し己を忘るるの情《こころ》をもって情《こころ》となす。**（空也《くうや》上人、踊《おどり》念佛の祖、阿弥陀聖《ひじり》）

参考類語

他人の運命を自分の問題とするときにのみ真の愛はあると思います。（倉田百三、作家）

(27) 佛教がインドで首尾よくいかなかった主な原因は、**佛教があまりに抽象的に概念化**

して、生活そのもの即ち大地に根ざした生活と分離してきたからのことである。霊性は、どこでもいつでも大地を離れることを嫌う。霊性は最も具体的なることを貴ぶ。

（『日本的霊性』鈴木大拙、佛教哲学者）

●日本の仏教は――牛乳の一番いいところをクリームという。それがバター、チーズとなるのであるが、インド流には醍醐《だいご》という――この醍醐が**日本仏教の禅と念仏**なのである。

（28）**無心の心を以て構ふべし、無心の心こそ万機に応ずる構えなり。**

（澤庵禪師《たくあんぜんじ》）

参考類語

事足れば、足るにまかせて事足らず、足らで事足る身こそ安計連《やすけれ》

（天海、日光山輪王寺蔵）

（29）わたしたちすべては自由を欲し、**個人として己の運命を決定する権利**を求めているのだ。これが人間性というものである。

（ダライ・ラマ14世、チベット、インドに亡命中）

（30）宮沢賢治

●人はやるだけのことはやるべきである。けれどもどうしてもどうしてももうできないときは落ちついてわらっていなければならん。落ちつき給え。

（『グスコーブドリの伝記』）

●われらに要《い》るものは銀河を包む透明な意志　巨《おお》きな力と熱である。

●みんなむかしからのきょうだいなのだから　けっしてひとりをいのってはいけない。

（『春と修羅』「青森挽歌」）

●本当にしっかりやりましょうよ。かなしみはちからに、欲りはいつくしみに、いかりは智慧にみちびかるべし。あなたのように心的にも身的にも烈しい動きをしなければならない状態ではいつもこんなことはお感じでしょう。まだ、まだ、まだ、まだこんなことではだめだ。

（盛岡高等農林学校時代の親友・保坂嘉内への「書簡」）

※宮沢賢治から保坂嘉内への数十通の「書簡」は、山梨県立文学館に保存されている。「嘉内」という名前は祖父が命名したものであるが、それは沖縄の海洋信仰である「ニライカナイ」から着想したものである。

（31）良寛上人

●欲《よく》無《な》ければ一切《いっさい》足《た》り、求《もと》むる有《あ》りて万事《ばんじ》窮《きゅう》す
縁《えん》に随《したが》って須《すべか》らく自ら怡《たの》しむべし

●心清ければ　遍界《へんかい》　物皆清し

●災難に逢う時節には、災難に逢うがよく候。死ぬ時節には、死ぬがよく候。これはこれ災難をのがるる妙法にて候。（1828年11月の越後大地震での山田杜皐宛返書）

●生ずるも独りなり　死するも独りなり　住するも独りなり　添《そ》いはつべき人なき故なり。

いづこにも替《か》へ國《くに》すれどわが心國上《こころくがみ》の里《さと》にまさるとこなし
子供らと手まりつきつゝ此の里に遊ぶ春日はくれずともよし
世の中にまじらぬとにはあらねどもひとり遊びぞわれはまされる
生涯身を立つるに懶《ものう》く／騰々《とうとう》として天真に任す（良寛上人）
生き死にの界《さかい》はなれて住む身にもさらぬわかれのあるぞ悲しき
（貞心尼が良寛上人の入寂を悼んで詠んだ歌）

※自ら五合菴《ごごうあん》と號《ごう》し、市《いち》に托鉢《たくはつ》し五合を得《う》れば歸《かへ》り、いぶせき菴《いほり》を結びて跏趺禪定《かふぜんじょう》す。遁世《とんせい》必ずしも佳《か》なるにあらず、しかも良寛上人の如く高潔優雅《たかけつゆうが》なる風懐《ふうかい》を有《ゆう》せしものは今古《こんこ》其類《そのたぐい》稀《まれ》なり、仰《あお》ぐべく尚《たうと》ぶべし。

（『和漢名士參禪集《わかんめいしさんぜんしゅう》』忽滑谷快天《ぬかりやかいてん》）

古《いにし》へのその生き状《さま》はかくばかり越《こし》のひじりの足《た》るの安《やす》けさ

（照屋敏勝、國上山・五合菴にて、1993年8月）

※1993年の夏休みに良寛上人ゆかりの地を尋ねて、3人の子どもを同伴して家族で佐渡、新潟の処々を悠遊した。五合菴は特別であった。良寛上人の往時の日々を彷彿《ほうふつ》とさせる草菴であった。自然と融合した清貧の求道者の遙遠の雰囲気であった。庵の静寂のなかに上人の幻影が顕れるような古氣梵氣《こきぼんき》を感じさせる気配であった。

3. 佛教経典の聖語

(32)『阿弥陀経』

●青い花は青い光を放ち、黄色い花は黄色い光を放ち、赤い花は赤い光を放ち、白い花は白い光を放つ。

※阿弥陀経《あみだきょう》の有名な経文である。自然の中の多様性と独自性の百種百様の世界である。それは

人間社会の理想とする姿でもある。人間の多様性と個性が発揮される社会が人間ののぞましい社会である。人間は自然の一部ではあるが、自然のように自己発現できるわけではない。発達を阻害する要因が顕在し、潜在しているからである。

(33)『阿含正行経《あごんしょうぎょうきょう》』

●人は常に目の為に欺《あざむ》かれ、鼻の為に欺かれ、口の為に欺かれ、身の為に欺かる。

※贋作《がんさく》の絵、模造されたブランド品、偽造された薬・化粧品、そして振り込め詐欺、など人間の感覚のあいまいさを悪用した犯罪は終わりがない。阿含正行経の警告やいましめは2500年も前のものである。

(34)『観無量寿経《かんむりょうじゅきょう》』

●佛心とは大慈悲心これなり。無縁の慈《じ》をもって諸《もろもろ》の衆生《しゅじょう》を救済する。

(35)『雑宝蔵経《ぞうほうぞうきょう》』

●〈無財《むざい》の七施《しちせ》〉—(無財であっても誰でもできる7つの施し)

眼施《げんせ》（やさしい眼、やさしいまなざし）／**顔施**《げんせ》（やさしい顔、笑顔）
言施《ごんせ》（やさしい言葉）／**身施**《しんせ》（ボランティア活動、献身的活動）
心施《しんせ》（親切な行為、心配や不安やおそれを取り除く行為）
座施《ざせ》（席をゆずる、立場をゆずる、広場や空間を開放する）
舎施《しゃせ》（施設や建物を開放する、あるいは提供する）

※私が沖縄のキリスト教系の大学に勤務していた時、保育系の学生に「保育原理」の授業の中でこの「無財の七施」の教えを紹介したことがある。保育者にとっても大事な教えだと考えたからである。宮古島（現在はすべての市町村が合併して宮古島市に統合されている）から来た女子学生が答案用紙の余白に「この教えを知っただけでも、この大学に来た意味がありました」と書いてあったのが強く印象に残っている。

（36）『長部経典』
●自らを燈火《ともしび》とし、自らを拠《よ》りどころとして、他を拠り処とせず。法《ほう》を拠りどころとして他を拠りどころとせず。

4. 壁書、回峰行、偈文、詩歌

(37) 興聖寺の「壁書」

●人は唯一人では生きられない／多くの人や物にささえられ／生かされることによって／生きている／その恩にむくいる／唯一つの道は／人を生かし／物を生かすことである

(興聖寺《こうしょうじ》、宇治市)

※沖縄の大学を辞して京都に移り、毎朝宇治川の観月橋のある河川敷をジョギングしていたら、一人の禅僧に出逢った。「何をしている?」と訊かれたので、佛大の学部と大学院で仏教系の科目を聴講していますと応えると、「うちの寺に来て坐りなさい」と言われた。それがご縁で宇治市の興聖寺《こうしょうじ》で坐禅を組むようになった。そのお寺の廊下の壁に上記の偈文《げもん》が掲げられていた。直観的に仏教の本質を表現したものだと思った。仏教は〈**物のいのち**〉と〈**物のこころ**〉を教える〈**物教**《ぶっきょう》〉でもある。

(38) **修行としての千日回峰行《かいほうぎょう》のすごさ**

●**修行とはわれを尽くすことなり。**

(鈴木正三、禅僧)

●**歩歩《ほほ》是《こ》れ道場《どうじょう》。**

（『禅林類聚《ぜんりんるいじゅう》』）

※比叡山において1986〜87年の2回、「一日回峰行」を体験させてもらったことがある。その時、「千日回峰行」を達成された内海俊照師（現・叡南大阿闍梨）の回峰行の全行《ぜんぎょう》を拝聴した。想像をはるかに超える苛酷なものであった。700日の満行ののち「**堂入り行**」と呼ばれる**9日間の断食・断水・断眠不臥《ふが》の行**が始まる。医学的には不可能と言われているが、修行僧の精神力と修行力で克服する。9日間の「超人的」行《ぎょう》にも苦の「峠」があり、それを超えると身心の苦が漸減《ぜんげん》されるような状態になるという。苦行にも峠があるという指摘は貴重である。千日回峰行は無条件の「行」であり、いかなる条件も顧慮されることのない、中断の許されない「行」である。内海師も行中《ぎょうちゅう》、病《やまい》に襲われたが、左右から弟子に支えられ、回峰時間は倍かかっても「行」は続行された。まさに命がけの行であり、**われを尽くす**「行」**のすごさである**。このような「行」が天台宗の1200年の歴史を支えているのだろうと思った。

（39）**醍醐寺五大堂の偈文《げもん》**

●我れ一人生きるに非《あら》ず／諸縁《しょえん》ありて生ける生命《いのち》ぞ其《そ》のえにしの来処《らいしょ》を知らば／安らぎは自ずからわきて迷いなき道や開けん

※京都に移ってきた翌年、まだ幼い3人の子どもたちを連れて家族で上醍醐にお参りに行った。醍醐寺は80余の堂塔を擁する真言宗醍醐寺派の総本山であり、寺域は広大で、麓と山上に分かれている。上醍醐は笠取山の山上にあり、曲がりの多い山道を登って行くことになる。上記の言葉は五大堂に掲げられていた。「**諸縁ありて生ける生命**」が強烈な印象を与えた。これが仏教の生命観でもあると思った（1987年6月）。

（40）仏様のことば（丁度よい）

藤場美津路《みつじ》（真宗大谷派常讃寺坊守、石川県野々市町）

お前はお前で丁度よい／顔も体も名前も姓も
お前にそれは丁度よい
貧も富も親も子も／息子の嫁もその孫も
それはお前に丁度よい
幸も不幸もよろこびも
悲しみさえも丁度よい
歩いたお前の人生は／悪くもなければ良くもない

お前にとって丁度よい
地獄へ行こうと極楽へ行こうと
行ったところが丁度よい
うぬぼれる要《よう》もなく卑下《ひげ》する要《よう》もない／上もなければ下もない
死ぬ月日さえも丁度よい
仏様と二人連の人生
丁度よくないはずがない
丁度よいのだと聞こえた時
憶念《おくねん》の信が生まれます
南無阿弥陀仏《なむあみだぶ》

（作詩者の伝言）

寺報「法友」（1982年2月号）

「仏様の声が頭の中に聞こえてきたので、そのまま書き取りました。この詩は、安易な現状肯定ではありません」

※この詩は私が読んだいくつかの本の中で「作者不詳」や「○○伝」になっていたので、お寺に

ご縁のある私のゼミの卒業生に調べてもらった。作詩者の藤場美津路さまからのお手紙では「良寛」の作品として紹介されている印刷物もあるとのことでした。何事も正確を期すことが大事です。ご縁とご厚意を感謝致します。合掌

第三部　キリスト教からの示唆

（1）わたしは君たちに隣人愛をすすめない。**わたしは君たちに遠人愛《えんじんあい》をすすめる。**

（『善悪の彼岸』ニーチェ、哲学者、ドイツ）

※「遠人愛」は「隣人愛」に対置する概念であるが、この言葉に接するのは初めてであり、鮮烈な印象を受けた。人を覚醒させうるような言葉である。現代という時代は「遠人愛」が万人に要請されている時代である。世界に貧困、紛争、戦争、抑圧、差別などが続発している。特に子どもたちの生存が著しく脅かされている。たとえ微力でも関心とかかわりを持つことが大切である。シリアなどでは子供を誘拐して、その内臓を奪い、売るという「**闇の人さらい**」も徘徊している。内臓を抜き取られた子供の遺体はゴミ捨て場に放棄されていたという現実もある。10年以上も続いている内戦が人々の生と心を著しく劣化させている。

●**個人が正気を失うのは稀《まれ》である──しかし集団や党派、国家、そして時代の場合はそれが常である。**

（前掲書）

※関東大震災（1923年9月1日）の中でデマや流言飛語によって数百人から数千人の朝鮮人が虐殺された。政府の資料では震災被害者10万人の1～5％が虐殺されたと推計されている。千葉県の福田村（現野田市）では、同年9月6日香川県の薬の行商団15名が地元の自警団によって9名が虐殺された（「**福田村事件**」）。風評やデマや疑心暗鬼や狂気や思い込みの恐ろしさである。同じ人間を無理に区別し、差別しようとする愚かさである。この事件は、最近、映画化もされている。

（2）純粋に愛することはへだたりへの同意である。

（シモーヌ・ヴェイユ、哲学者、フランス）

※**人間は相互に「へだたり」のある存在である。**しかし、そのへだたりを急いで埋めようとすることは、その存在の基層を形成してきた独自性や個性を否定することにもなり、人間の尊厳を傷つけることにもなる。慎むべきである。

●**純粋さとは、汚れをじっと見つめる力である。**

●神はきてほしいと願う人のもとにだけやって来る。**長い間、しばしば、そして熱烈に乞い願う人のもとに神は必ずやってくる。**

（『重力と恩寵』ヴェイユ）

※シモーヌ・ヴェイユはフランスの優れた女性哲学者である。スペインの反独裁市民戦争に義勇兵として参加したり、安定した教職を辞してルノー自動車工場に労働者の実態を知るために「未熟練工」として入社したり、ヒトラーに占領されたフランスを脱してアメリカに亡命しながら、母国のレジスタンス運動の人々の苦闘を思って、ロンドンに移り、フランスの同胞との共苦のために絶食をしたりして、栄養失調となり、1943年34歳の若さで世を去った。激動期に烈しく生きた哲学者である。

兄のアンドレ・ヴェイユは世界的な数学者であり、シカゴ大学やプリンストン大学などの教授を勧めた。20世紀最高の数学者の一人とされている。父はユダヤ系の医師であった。

（3）愛する者と暮らすには一つの秘訣がある。すなわち**相手を変えようとしないことだ。**

（『エヴァ』シャルドンヌ、フランスの作家）

●愛とは、限りない寛容、些細なことから来る悦び、無意識な善意、完全な自己忘却である。

（『愛、愛よりも豊かなるもの』シャルドンヌ）

（4）**この世の最大の不幸は、貧しさや病気ではありません。誰からも自分は必要とされていないと感じることです。**（マザー・テレサ（1910〜1997）、ノーベル平和賞受賞（1979年）、ローマ法王庁より「聖人《せいじん》」の称号が授与される。1997年昇天、87歳。インド政府による国葬が執り行われた。）

●日本人の顔が暗いのは**正しい信仰をもっていないからだ。**（1979、来日中の発言）

●**考える時間**を持ちなさい
祈る時間を持ちなさい
笑う時間を持ちなさい
…………（中略）
遊ぶ時間を持ちなさい
愛し、愛される時間を持ちなさい
…………（中略）
読書する時間を持ちなさい
親しくなるための時間を持ちなさい
働く時間を持ちなさい
…………（中略）
施しをする時間を持ちなさい

（カルカッタ（現・コルカタ）の「孤児の家」の壁書）

…………（後略）

●…………（名刺の一節）

The fruit of Prayer is **Faith**（信仰）
The fruit of Faith is **Love**（愛）
The fruit of Love is **Service**（奉仕）

MOTHER TERESA

※マザー・テレサ女史から頂いた名刺の一節。インド・カルカッタ（現コルカタ）の「孤児の家」を京都文教学園仏跡巡礼団の一員として訪問、学園からの義援金は団長から施設に贈与された。マザー・テレサ女史は退院してこられたばかりであった（1990年12月23日）。

最初は退院してこられたばかりで、皆さんにはお会いできませんと、施設の方から謝意が伝えられてきた。しかし、間もなくテレサ女史が起きてこられて、ご挨拶をされ、感謝を述べられ、一人ひとりに名刺（というよりメッセージカードと言ったほうがふさわしい）を渡されて握手をされた。礼拝室であったが、聖母の絵の額とマリア像があるだけの極めて簡素な部屋であり、細長いテーブルに白い布がかけられているだけであった。そういう処には一切お金をかけないという感じであった。

「最も徹底した愛の使徒」として全世界に知られるようになる。深い信仰心と行動力に支えられた隣人愛の稀有の実践者であり、体現者である。ローマ法王庁からは「聖人」の尊号が授与された。

●24 questions and answers of Mother Teresa（抜粋）

The biggest error?/To give up（大きな誤りは？／あきらめること）

The root of all evil?/Egoism（諸悪の根源は？／利己心）

The best teachers?/Children（最良の教師は？／子どもたち）

The first necessity?/To communicate（最初に必要なことは？／話し合うこと）

What makes one happy?/To be useful for others

（幸福を生み出すのは何ですか？／他者のために有益なことをすること）

The most beautiful gift?/To pardon（最も美しい贈り物は？／許すこと）

The most efficient protection?/A smile（最も効果的な護りは？／笑顔）

The most powerful thing?/Faith（最も力強いものは？／信仰）

The most beautiful thing on this world?/Love

（この世で最も美しいものは？／愛）

（5）宗教とは悪と戦うことをいうのだ。わかったか　魂！

※賀川豊彦（1888～1960）プリンストン大学卒業、伝道者、キリスト教社会運動家、神戸の貧民窟で活動、無料巡回診療を始める。友愛会に参加、関西労働同盟会の結成に参加、委員長となる。川崎・三菱神戸造船所の労働争議を指導。農民運動・水平社運動・協同組合運動に参加。無産政党創設に参加。中国・カナダ・アメリカなど国際舞台でも講演活動を展開。勅選貴院（現・参議院）議員となる。ノーベル賞候補にもなる。戦後、日本社会党創立に参加。自伝的小説『死線を越えて』は一大ベストセラーとなる。

徳島を巡礼していた時、偶然、「**賀川豊彦記念館**」を発見した。学生時代から気になる人物だったので、立ち寄ってみた。想像をはるかに超えるスケールの大きい人物だったことが解かった。貴重な寄り道だった。旅の寄り道は大切だ！

参考類語

真の愛は悪に対する憎悪を十分にふくむものである。

（『ロマ書の研究』内村鑑三）

（6）真の文明は／山を荒らさず、川を荒らさず、村を破らず／人を殺さざるべし

（田中正造、足尾銅山鉱毒事件の告発者、政治家）

●キリスト**何とて我を捨て賜ふや**と云へるなり。／神ニ尽くせる事此くの如し。信行の厚き茲《ここ》ニ至る。信行の完からぬものニて此言の出るなし。

（『はじめに言葉あり　110人の断章』笠原芳光）

※おどろきであった！　田中正造がキリスト者であるという認識は全くなかった。知ってみれば「やはり！」とは思うが、想像はしてなかった。あの不屈の行動力を支えたエネルギー源の一つが信仰であったとは思いも及ばぬことであった。田中正造は渡良瀬川流域の足尾銅山の鉱毒被害農民の苦境を訴えるために沿道から明治天皇に「**直訴**」を敢行しようとしたが、警戒していた官憲に阻止された。その行為は当時としては命がけであった。明治という時代はキリスト教が勃興した時代でもあった。

※17歳の石川啄木は足尾銅山鉱毒事件の悲惨な農民の心痛を「**夕川に葦は枯れたり血にまどふ民の叫びのなど悲しきや**」と独白した。

（7）この澄めるこころ在《あ》るとは識《し》らず来て刑死の明日に迫る夜温し

（極貧―殺人―死刑、島　秋人）（1967年11月刑執行、33歳）

独《ひと》り身の老父《ちち》が洗ひて繕《つくろ》ひし古ジャンパーを獄《ごく》にまとひぬ　（『遺愛集』島秋人歌集）

※島　秋人（本名：中村　覚）は中学校時代たった一度だけほめられた経験がある。図工科の担当だった吉田好道先生に絵は下手だけど、構図の取り方がクラスで一番よいとほめられた。それがご縁で巣鴨拘置所から吉田先生に手紙を出した。先生ご夫妻から返信の手紙が来た。奥さんの絢子さんの手紙には何首かの短歌が添えられていた。小さい時に遊んだ番神堂《ばんしんどう》や香積寺《こうしゃくじ》なども出て来た。この出会いが歌作へとつながった。そして新聞に投稿するまでになった。歌集『遺愛集』は1974年に出版された。毎日新聞の選者だった窪田空穂氏が序文を寄せられた。

私が島秋人に関心をもつようになったのは沖縄キリスト教短期大学に就職してからである。1983年に那覇市内の安木屋という書店で『遺愛集』を購入したことが記録されている。中村覚（島秋人）は学校での成績は小学校でも中学校でもいつも最下位であった。五年生の時、国語の試験がレイ点だったので、担任の教師から足蹴《あしげ》にされた。

（8）**「ありがとう」**一生の間に口にする祈りがたとえこれだけだったとしても、それで十分である。

（ヨハネス・エックハルト、中世ドイツの神秘主義思想家）

（9）**人道とは、**どのような状況であろうと、**目的のために人間を犠牲にしない、**ということである。

（『自叙伝』シュヴァイツァー）

（医師、演奏家、科学者、哲学者、アフリカでの献身的医療活動）

参考類語

人間性を、いつでも、いかなる場合でも、同時に目的として扱い、決して単なる手段として使用してはならない。

（カント）

※人道に反する最悪のものは戦争である。日本軍の「神風特攻隊」や「人間魚雷」や「特攻隊」は「人間の道具化」であった。中からはカギが開けられないようになっていた。

（10）神よ　変えるべきものについて　**それを変えるだけの勇気を我等に与え給え**／神よ　変えることのできないものについては　**それを受け容れるだけの心の冷静さを与え**

給え／そして変えることのできるものと変えることのできないものとを**見分ける知恵**を与え給え

（ラインホールド・ニーバー、20世紀アメリカを代表する神学者）

※ニーバーの祈りの言葉は忘れがたいものがある。１９６６年琉球列島米国民政府高等弁務官アンガーの就任式で、沖縄キリスト教短期大学学長の平良修氏が祈りの中で援用した言葉だったからである。沖縄の植民地状態を「変えるべきもの」として訴え、さらに「願わくは最後の高等弁務官であることを」と訴えた。まさに沖縄の民意を代言するものであった。反響が大きかったので、東京の各新聞でも報道されていた。私は東京で二つ目の大学である早大を卒業して、早大大学院への準備をしているところであった。大変勇気づけられる祈りであった。私は早大大学院の博士課程を修了して、最初に就職したのがこの沖縄キリスト教短期大学の保育科であった。平良修学長はすでに退任されて佐敷教会の牧師に就任されていた。沖縄の良心と理性を代表する宗教者である。

（11）Boys be ambitious for attainment of all that a **man** ought to be.（クラーク学長）

（青年よ、人間として備えるべき資質のすべてを身につけるために大志をいだけ）

（１８７６年来日～１８７７年帰国、札幌農学校初代教頭）

※William Smith Clark. 来日当時は、マサチューセッツ農科大学学長。化学、植物学、農学指導などが専門であった。キリスト教伝道の影響は絶大であった。

第四部　高齢者の生き方

（1）4つの生活スタイル

●老人の自ら養ふに四件有り。曰く**和易**《わい》（いつも心はおだやかに）、曰く**自然**（無理をせず自然に随って）、曰く**逍遥**《しょうよう》（自適《じてき》にその境遇を悠々《ゆうゆう》、おちついてゆったりと）、曰く**流動**《りゅうどう》（何事にも柔軟に、こだわらずに）、是れなり。諸々激烈の事皆害有り。

（『言志四録』佐藤一斉）

参考類語

われ常に学びつつ老いぬ。

（ソロン、ギリシャの賢人）

（2）効《こう》は合《ごう》に帰す――「夜間尿」の解消にも

●食品研究によると、食材や飲料には**最適の組み合わせ**というのがある。例えば、「**蜂蜜とコーヒー**」や「**バナナとえごま油**」などの組み合わせがそうである。蜂蜜とコーヒー（ブラック）の組み合わせの場合は高齢者の夜間尿の解消にも効果がある。ただし、これはあくまで私個人の場合である。「最適の組み合わせ」だとの研究者の報告があったので、その晩、少量を試飲してみた。夜間尿のために飲んだわけではないが、その晩から1回あった排尿起床がなくなった。全くの偶然である。その結果に大変驚いた。毎晩、寝る前に少量（コーヒー30㎖前後と蜂蜜5～8㎖）を温めて、混ぜて飲んでいる。40秒程度温めるのは混ぜやすいからである。大事なのは蜂蜜の甘さがはっきりしていることである。蜂蜜が主役である。夕食後の胃の消化が終わってから飲むのが有効である。私の就寝時間は午前1時半ごろである。試飲して3年余になるが、排尿起床は殆どない。睡眠が分断されないので、高齢者にとっては大変ありがたいことである。私は夕食の汁物や水分は控えるようにしている。夕食時に水分が多いと、4時間ぐらいで目が覚めることがある。そういう時は排尿のあと2時間ぐらい続眠する。私の睡眠時間は「今は」6時間半～7時間くらいである。日によっては8時間ほど睡眠が持続することもある。私は80余歳である。

3年間の体験から言えることは、睡眠中「尿」にかかわる機能に「抑制」がかかっている感じである。朝、起床して立ち上がると強い尿意が起こってくる。排尿後もしばらくすると、また尿意が起こってくる。しかし、お尻の筋肉を鍛えるために就寝時と起床時にお尻を床につけたまま130回位お尻を動かす運動を毎日続けたら、1か月もしないうちに起床後や帰宅時の強い尿意は起こらなくなった。からくりはよく知らないが、予期せぬ変化や効果である。睡眠時間も1時間ほど延びるようになった。ちょっとした「試み」で機能は変化するものである。

中国古典の『漢書《かんじょ》』に「**美味は合に期す**」という言葉があるが、料理の「美味」だけでなく、「最適効果」も発揮する。私は食品の研究者ではないので、誰にでも適用できるかどうかは判らない。人間には体質や個人差もあり、ライフスタイルも違うので、勧めることはできないが、多くの高齢者の悩みでもあるので、参考までに私の個人的体験を紹介した次第である。いつまで効果が持続するかどうかは未知数である。

人生は何事も「試み」と「工夫」が大事である。

（3）脳細胞の減少

●人間の老化はひとつずつの細胞が弱まるためではなく、細胞の数が減るためにおこる。「**量の変化**」が「**質の変化**」をもたらすのだ。

（ショック博士、アメリカ）

参考類語

㋐脳細胞の最大寿命は125歳前後と考えられている。これまでの長寿の世界記録は、フ

ランス女性の122歳である。

㋑脳機能の減少度

50歳代……15％、60歳代……25％、70歳代……30％、80歳代……40％

（4）最適運動⁉

●あらゆる年代の人に適した、なにか一つの運動があるだろうか？　大多数の権威者は、**水泳**がそれだと言うだろう。水泳のよいところは、あらゆる筋肉の運動になっていないながら、体は水に浮いていることである。

（キーチス・ミッチェル）

（5）深い老年期を迎えるためには？

●純な青年時代を過さない人は**深い老年期**を持つ事も出来ないのだ。

（『出家とその弟子』倉田百三）

※作品の中では、老年に達した親鸞聖人が若い弟子唯圓《ゆいえん》に向かって諭《さと》した言葉である。

（6）減るに順応して！

●人生は、段々に諦めていくこと、絶えず**我々の抱負**、**我々の希望**、**我々の所有**、**我々の力**、**我々の自由**を減らしていくことの修行である。

（『日記』アミエル、哲学者、スイス）

（7）お若く見えますね

●お若く見えますね、と言われたら、年をとったな、と言われていると思え。

（アーヴィング、随筆家、アメリカ）

（8）「まだ若い」の悲劇

●老年の悲劇は、彼が老いたからではなく、彼がまだ若いところにある。

（オスカー・ワイルド、詩人、劇作家、イギリス）

参考類語

恋する老人は**自然界における大きな奇形**である。

（『ひとさまざま』ラ・ブリュイエール、フランス）

※高齢者の恋を否定的に考える必要はないが、私が否定的な印象を強く感じたのは、歌人川田順（60歳後半）と歌人鈴鹿（中川）俊子（30歳後半）の子弟間の恋である。中川俊子の夫は京大経済学部教授の中川與之助氏である。長女19歳、長男14歳、次女10歳の3人の子供がいた。1944年ごろのことであり、太平洋戦争の末期である。「老いらくの恋」として世人の関心を集めたので、平成になってドラマ化された。私は強い抵抗感を感じながらテレビのドラマを観た。小学生と中学生のいる家庭を放棄しての出奔だったので、抵抗感は強かった。川田は自責の念に苛《さいな》まれて亡妻の墓前で自殺をはかったが、失敗した。2人は再婚した。俊子は長女を20歳で嫁がして、2人の子供は引き取って母子生活を再開した。

俊子自身は17歳で結婚した。中川與之助が自宅に下宿していたからである。

（9）理想が消えると老化がはじまる

●人間は理想が消えると、**精神の老化**がはじまる。

（サムエル・ウルマン、実業家、慈善事業家）

（10）独断的傾向が強くなる

●年をとった人が拠り所にしている独断的な考えは、その年になるともうおそらく**不可**

欠な支えになっている場合が多い。／それは、年を取るにつれて人生がますます疑わしいもの、縺《もつ》れたもの、とらえどころのないものになるからだ。ある年齢を過ぎるとそういう現象がひどくなって、人生がもう耐えられなくなり、われわれの**適応能に限度**ができてくる。

（ジンメル、ドイツの哲学者・社会学者）

●至上の処世術は、**妥協することなく、適応することである。**

（『断想』ジンメル）

（11）老いる術《すべ》を学ぶ

●女は年老いる術を早くから学ぶべきである。しかもそれは並大抵な才能でできることではない。

（「書簡」、セヴィニェ夫人（1626〜1696）、書簡文学者）

参考類語

女の高齢は、**男のそれよりも陰気で孤独**である。

（ジャン・パウル、作家、ドイツ）

※セヴィニェ夫人は若くして夫を決闘で失う。結婚した娘のもとへ25年にわたって送られた1500通あまりの書簡が出版される。古典文学の宝庫と評されている。

(12) 高齢への対応

●**女たちにとっての地獄は老いである。**

(『道徳的反省』ラ・ロシュフーコー、箴言作家、フランス)

●**年をとっている、この言葉こそはいかなる女にも耐えられない侮辱である。**

(セルバンテス、作家、スペイン)

●老いは成長でもなく退歩でもない。ただ「**変化**」である。
春と、夏と、秋と、冬の**季節の優劣を評価し得る基準がどこにあるか。**

(『萩原朔太郎詩集』)

※年齢に応じた年の取り方が理想であるが、個人差が大きいので、時には、びっくりする場合もある。白髪の発見が一つの目安である。隠す人と自覚する人の差が出て来る。女の人は「若さ」へのあこがれがかなり強いので、「若さ」の「持続可能性」に相当注力している。しかし、**年の取り方も教養の問題であり、アンバランスや違和感を感じさせるようになると、**「自然」からの逸脱である。

（13）プライバシーの優先と尊重

●年をとっての幸せは、何にも増して、**プライバシーの優先を維持することだ。**

（ハロルド・アジン）

●晩年に感じる幸せは、人生のすべての時期に感じる幸せと同じく**選択の問題**です。つまり、**自分で選ぶことです。**

※「選択」の問題は「生き方」の問題である。人間の生きるプロセスは選択のプロセスである。すべては生き方の問題である。「**現在**」の**自己は選択の結果であり、選択が人間を**「**造る**」のである。

参考類語

老年は**男女間の友情には最も適した時代**である。（アンドレ・モーロア、フランスの作家）

（14）貪欲さに留意

●老人が落ち込む病気は**貪欲**である。

（『わめく女』ミルトン、詩人）

（15）女性の精神的価値―年をとる術《すべ》と心得と振る舞い

●ある女性の精神的価値は、彼女が**歳をとるすべを心得ているかどうか**、そして老年において**どんな振る舞い**をするかによって、知ることができる。

（『段階』モルゲンシュテルン、ドイツ）

（16）老いへの意識過剰

●人間はだんだん年をとって行くものだと終始考えているほど、人間を迅速に老けさせるものはない。

（ゲオルグ・C・リヒテンブルク、物理学者、ドイツ）

（17）長寿の秘訣

●長生きの秘訣は、「**退屈しないこと**」「**よく笑うこと**」「**どうにもならないことでくよくよしないこと**」ね。

（ジャンヌ・カルマン、史上最高齢記録保持者）

※そのほかに、「**生きる意欲を持つこと**」「**最上質のものに接すること**」「**知的好奇心**」「**宗教心**」「**新鮮な想像力**」なども指摘されている。

(18) 結婚―相互の誤解

●結婚とは、まさしく相互の誤解に基づくものである。

(『理想の夫』オスカー・ワイルド)

※毎年傑作の多いサラリーマン川柳の次のような句を見ても、時間の経過の中で、初心や幸心が徐々に変化し、推移してゆくのが解る。部分から全体への理解が進み、隠れていた性格が顕在化し、相対的視野が広がり、生活の箍《たが》や緊張感がゆるんできて、相互の誤差が拡大し、精神濃度に差異が生じてくるからである。

●プロポーズあの日にかえってことわりたい(恐妻男)
●まだ寝てる帰ってみればもう寝てる(遠くの我家)
●オレオレに亭主と知りつつ電話切る(反抗妻)

(『平成サラリーマン川柳傑作選』第一生命)

●幸福な結婚というのは、けっして退屈しない長い対話のようなものである。

(『幸福な結婚』アンドレ・モーロワ、フランス)

●夫婦は親しきを以て原則とし、親しからざるを以て常態とす。

(夏目漱石、作家)

(19) そろわぬ二輪車

●世の中に中途半端な生活者の多いのは、中途半端な結婚生活者が多いためである。**そろわぬ二輪車は一輪車におとる。**

（正木ひろし、弁護士）

(20) 男女の相違

●男は心で老い、女は顔で老いる。

（コリンズ、詩人、イギリス）

●女は深く見、男は遠くをみる。男にとっては世界が心臓、女にとっては心臓が世界。

（『ドン・ジュアンとファウスト』クリスチャン・グラッペ、劇作家）

●男は知っていることをしゃべり、女は人に悦ばれることをしゃべる。

（『エミール』ジャン・J・ルソー、啓蒙思想家、フランス）

●女は理性よりも感動を好む。

（『恋愛論』スタンダール、作家）

(21) この世の悦び―恒常的生活スタイル

●この80年間、私は毎日を全く同じやり方で始めてきた。それは私の日常生活に欠かせないものだ。ピアノに向かい、バッハの曲を2曲弾く。それにより、この世に生まれた悦びを新たにする。人生の驚異を知らされて胸がいっぱいになる。

（パブロ・カサルス、チェロ奏者）

（22）老後を楽しむ

●老後を一日も楽まずして、空しく過すはおしむべし。**老後の一日、千金にあたるべし。**

（『養生訓』貝原益軒）

●心しづかに、従容《しょうよう》として余日を楽み、いかりなく、慾《よく》すくなくして、残軀《ざんく》をやしなふべし。

参考類語

㋐夕映えが美しいように、**老人の場所から見た世界は美しいのです。**

（『変容』伊藤整）

㋑正しく生きてきた人にとって、老いとは、**沈みゆく太陽のように穏やかでやわらかく、美しいものです。**

（ジェームズ・アレン、作家）

㋒20歳だろうが80歳だろうが、**とにかく学ぶことをやめてしまった者は老人である。**

（ヘンリー・フォード、フォード創業者）

(23) 白髪は変化の予兆

●鏡に向って白髪を発見する。これが人間として謙虚になる第一歩である。

(『わが人生論』平林たい子)

(24) 美は内部からの生命の光

●美は内部の生命から差し出す光である。

(『遺稿詩集』カール・ケルナー、ドイツ)

参考類語

16歳で美しいのは自慢にならない。**でも60歳で美しければ、それは魂の美しさだ。**

(マリー・ストーブス、植物学者、女性運動家)

(25) 人生の夕暮れと燈火《ともしび》

●人生の夕暮れは、おのずと燈火をたずさえてやってくる。

(『随想録』ジャセフ・ジュベール、フランスのモラリスト)

(26) 成熟型の人間

●**成熟型の人間は、ユーモアと柔軟性、それに計画性があって、他人の過ちにも寛大だ。**

自らの目標を持って、前向きに生きており、全体として人生を楽観的に見ている。

（スーザン・レイチャード、社会学者、アメリカ）

※55歳から84歳までの老いに関する長時間の面接調査と性格分析の結果から、5つの生活型が導き出された。それは、**成熟型**、**従属型**、**防御型**、**敵対型**、**自己嫌悪型**─である。

（「高齢化と性格」に関する研究報告『高齢化の科学』所収、産業能率短大出版部）

●年をとるということは、ものが見えるようになるということだ。

（『アフォリズム』エーブナー・エッシェンバハ、女性作家）

(27) 緑も移ろいの始まり

●若くのんびり過ごしていた時も、時は私を緑のままに死に向かわせていた。

（詩『歯朶の山』ディラン・マーレィ・トーマス、詩人）

●八十八の翁となりぬ人笑《え》めば我も笑みては賀詞《よごと》をかわす

（窪田空穂、歌人）

●道遠し腰は二重にかがまれり杖にすがりてここまでも来る

（源実朝、鎌倉幕府三代将軍、歌人）

(28) 決意と実践を繰りかえしながら終わる

●想いのたけ雅量いっぱいに、決意し、またまた決意し、何ら変わることなく死ぬ。

（『夜想詩』エドワード・ヤング、イギリスの詩人）

●老いて病み恍惚《こうこつ》として人を識《し》らず。

（『日本外史』頼山陽）

(29) 人生の終局は日暮れ時の読書の如く

●人生の終局、それは日暮れどきの読書のようだ。

（『作家の手帖』サマセット・モーム）

(30) 禅僧のユーモア

●七十で迎えがきたら、留守だといえ
八十で迎えがきたら、早すぎるといえ
九十で迎えがきたら、急ぐなといえ
百歳で迎えがきたら、ぼつぼつ考えようといえ

（仙厓禅師）

参考類語

宗鑑《そうかん》は何処《いづこ》へと人の問ふならば　ちと用ありてあの世へといへ

（室町時代の連歌師・俳諧師）

（31）生の営みを閉じる

●ついに行く道とはかねて聞きしかど昨日今日とは思はざりしを
（『伊勢物語』）

●ひっそりと何事もなかったように　おまえは生の営みを閉じて、遠くへ去った。
（詩「旅立ち」トマス・ハーディ）

●**天寿を全うする者は人の本分を尽くすなり。**
（福沢諭吉）

（32）死は事故である

●人はすべて死すべきもの。しかし、ひとりひとりの人間にとって、**その死は一つの事故である。**
（『おだやかな死』ボーヴォワール、作家、フランス）

●死はあらゆる病気の治療である。
（『レリジア・メディシ』ブラウン、医学者、哲学者、イギリス）

●そして死ぬことは、……白鳥が水に下りる不安に似ている。
（『新詩集』「白鳥」リルケ）

●人間らしく云えば、死にもよいところがある。老いに決着をつけてくれるからだ。

●死期《しご》は序《ついで》を待たず。死は、前よりしも来らず、かねて後《うしろ》に迫《せま》れり。

（『人さまざま』ラ・ブリュイエール、フランス）

（『徒然草』兼好法師）

●夕顔の棚つくらむと思へども秋まちがてのわが命かも

（子規）

●ごく近い将来、死ぬ権利は死ぬ義務になるだろう。

（シシリー・ソンダース、イギリスの医学者）

(33) 宗教者・高僧の遺偈《ゆいげ》・遺言

●財物は亡び易くして永く保つべからず。ただ三宝の法は絶えずして永く伝うべし

（「遺偈」聖徳太子、世寿47歳、622年）

注：「三宝」は佛・法（佛の教え）・僧の意。

●心形《しんぎょう》久しく労して、一生ここに窮《きわ》まれり（遺言）

（天台宗開祖　最澄＝伝教大師、世寿56歳、822年）

●吾入滅《にゅうめつ》せんと擬《ぎ》するは、今年三月二十一日寅《とら》の刻《とき》なり。もろもろの弟子ら悲泣することなかれ

（真言宗開祖　空海＝弘法大師、世寿62歳、835年）

※弘法大師・空海は予言した日に入寂する。

●念佛を修せんところは、貴賤を論ぜず、海人《あま》漁人《りょうし》が苫屋《とまや》までも、みなこれ予が遺跡なるべし

（浄土宗開祖　法然上人、世寿80歳、１２１２年）

●某《それがし》、閉眼せば、加茂川に入れて魚《うお》に與《あた》ふべし（遺言）

（浄土真宗開祖　親鸞聖人、世寿90歳、１２６２年）

●わが門弟子《もんていし》におきては、葬礼の儀式をととのうべからず。野に棄て獣にほどこすべし。（遺言）

（時宗開祖　一遍上人、世寿50歳　１２８９年）

●願はくは花のしたにて春死なむそのきさらぎの望月のころ（辞世）

（『山家集』西行法師、世寿73歳、１１９０年）

●良寛に辞世あるかと人問はば南無阿弥陀佛と言ふと答えよ（辞世）

（良寛、禅僧、世寿74歳、１８３１年）

●おお、わたしを愛してくれるすべてのひとたちよ、どうかいつもつぎの言葉を思い出してほしい。すべて生まれたものは滅びるということを。そして解脱するために休みなく努力をしてほしい。

（佛陀　紀元前５５９ごろ～４７８ごろ）

●わが神、わが神、どうしてわたしをお見捨てになったのですか

（マタイ、マルコ福音書、イエス、生没年不詳、紀元前4～30？）

※使徒のひとりユダに裏切られてパリサイ人に捕えられ、ローマ総督ポンテオ・ピラトの手によってゴルゴタの丘で十字架の刑に処せられた。

第五部　人間の生き方

（1）人間を視る

●慈悲を以て本《もと》とし、利他を以て先《せん》とす。
（『秘蔵宝鑰《ひぞうほうやく》』空海）

●物の興廃は必ず人による。
（『性霊集《しょうりょうしゅう》』）

●生活の途上に出逢う凡《すべ》ての事物を常に始めて見るもののように感じよう。
（有島武郎、作家、学習院・札幌農学校で学ぶ）

●いかに気にあわざる者来たりとも対面すべし。敢てその色を見《あらわ》すべからず。見《あらわ》すればいよいよあだと成るべし。
（『伊勢貞親教訓』）

●天高うして鳥の飛ぶに任せ、海潤《ひろ》うして魚の躍《おど》るに従う。**大丈夫この度量なかるべからず。**
（石川丈山、漢詩人）

●無知は富と結びついて初めて人間の品位をおとす。
（ショーペンハウアー、哲学者）

●Good（よい）、Better（よりよい）、Best（最高によい）
Good が Better になるまで、Better が Best になるまで、
決して気をぬいてはいけない。
（ベン・E・キング、ミュージシャン）

（2）人生と選択

●運命は偶然には訪れない。**選択の問題**である。

（ウィリアム・ジェニングス・ブライアン、政治家・弁護士）

※過去の選択が現在の自己を決定し、現在の選択が未来の自己を決定する。選択が人間を造り、選択内容が人生を創る。選択の問題は人生の最も重要な問題の一つである。その選択によって人生も変化し、明暗も分かれる。

俳優の菅原文太氏が生前私の勤務校の短大で科目担当教員の個人的ご縁で『家庭教育論』の講師として、コッソリ招かれたとき、私も聴講した。何を最も強調されるかを知りたかったからである。お話を要約すれば、学生時代に**多様な**「**選択眼**」**と**「**視点**」を育ててほしいということであった。大事なことだと思った。「選択」は人生の key–word である。

●我々を人間にするのは、**選択する能力**である。

（マデレイン・レングル、作家、アメリカ）

●**人生の大半はかかって選択の術に存する。**その際に必要なのは**良き趣味と的確なる判断とである。**……**選択の能力とは天与の素質の中でも最も重要なものの一つなのであ**

ろう。

（『慧語』森鷗外）

●人間の存在を決定するものは、人間そのものではなく、**人間関係**である。

（尾崎士郎、作家）

●**あることを強く希求する者**は、ほとんどつねに、偶然によって望みがかなう。

（バルザック、作家）

●**偶然は**準備のできていない人間を助けない。

（パスツール、細菌学者、フランス）

●**ひらめきは、**それを得ようと長い間、準備、苦心した者だけに与えられる。

●**進歩が生まれるのは、多様性のなかの選択からであって、画一性の保持からではない。**

（ラスキン、社会・美術・建築批評家）

※スティーブン・R・コヴィー博士は、『7つの習慣』の中で「選択する力」を論じている。第一の習慣：主体性を発揮する〈**選択する力**〉、第二の習慣：目的を持って始める〈**方向を見定める力**〉、第三の習慣：重要事項を優先する〈**優先順位を判断する力**〉、第四の習慣：Win－Winを考える〈**相手を尊重する力**〉、第五の習慣：理解してから理解される〈**理解する力**〉、第六の習慣：相乗効果を発揮する〈**協力する力**〉、第七の習慣：刃を研ぐ〈**自分を磨く力、再生する力**〉

●「人間は刺激と反応の間に**選択の自由**を持っているということである。この自由の中にこそ、**人間たる四つの独特な特質**（自覚、想像力、良心、自由意志）**がある**」

（『選択する力』）

（3）人生と古郷

●**人間は常に郷里に密着す**

（アンデルセン）

●**血につながるふるさと／心につながるふるさと／言葉につながるふるさと**

（島崎藤村、詩人、作家）

●故郷！　故郷の山河風景は常に、**永久に、我が親友である、恋人である、師伝である。**

（『渋民日記』石川啄木、歌人）

注：「師伝」—極意などを、師匠から教え伝えられることの意。

●**ふるさとの山に向ひて言ふことなしふるさとの山はありがたきかな**

石をもて追はるるごとくふるさとを出でしかなしみ消ゆる時なし

●人間が、いろいろな艱苦、さまざまな悲哀に、身上の処置に窮するとき、きっと思い出す所のものは故郷だ。**そこには何らの奇もない、何らの新しい刺激もない、しかし**

静寂な休息だけは永久に用意されているように思う。（『友と友との間』菊池寛、作家）

●生まれた村というものは、まことに狭いもので、とても其処に居ては、思うような事は出来ない。（『重右衛門の最後』田山花袋、作家）

●自分の故郷を一度も出たことのない人間は、偏見のかたまりである。（ゴルドニー、喜劇作家、イタリア）

●人間には**肉体の生まれ故郷**の外に「**心の生まれ故郷**」――其思想や心の癖を育てて貰った故郷――というものがある。（『劇と文学』坪内逍遥、作家、英文学者）

●**いずこにもこころとまらば住みかえよながらえばまた元の古郷**（龍宗和尚）

（4）人生と結婚

●結婚したほうがよいでしょうか、それとも、しないほうがよいでしょうかと訊《たず》ねられたとき、「**どちらにしても、君は後悔するだろう**」と彼は答えた。（『ギリシャ哲学者列伝』ソクラテス、哲学者）

●**結婚は一つの接木《つぎき》である**。うまくもゆけば、まずくもゆく。（『レ・ミゼラブル』ユゴー）

●**結婚と独身はどちらも欠点がある**。欠点が治せるほうを選ばねばならない。

●生涯の妻を持つことにおいてさえ、男の大多数は**悔いて及ばない悔い**を皆ひきずっている。

（『箴言と断想』ロック・ド・シャンフォール、フランス）

●**男女相互の経済上の独立**を顧慮しない恋愛結婚は不備な結婚であって、今後の結婚の理想とすることができません。

（『宮本武蔵』吉川英治）

●結婚は**雪景色のようなもの**である。はじめはきれいだがやがて雪どけがしてぬかるみができる。

（『女子の徹底した独立』与謝野晶子）

●結婚をして一人の人間が二人になると、一人でいた時よりも**人間の品格が堕落する**場合が多い。

（『夫婦げんか』山本有三）

●結婚は、生物的な自然現象であって、**文化的道徳的な生活形式としては多くの無理**がある。

（『行人』夏目漱石）

●結婚して幸福になれるかどうかは、**まったく偶然**のことである。

（『女性に関する十二章』伊藤整）

●**結婚は鳥籠のようなものだ**。外にいる鳥たちは中に入ろうとし、中にいる鳥たちは出ようともがく。

（『高慢と偏見』オースティン、イギリスの女性作家）

●**結婚するのも仕合わせだし、しないのも仕合わせだ**。どっちにも人間としての喜びが

（『エセー』モンテーニュ、哲学者、フランス）

ある。

（武者小路実篤、作家）

●結婚は果物と違って、**いくら遅くても季節はずれになることはない**。

（トルストイ、作家、ロシア）

●**その女性がもし男であったなら**、きっと友だちに選んだであろうと思われるような女でなければ、妻に選んではならない。

（ジューヴェール、批評家、フランス）

●すばらしき結婚は、**盲目の妻と、耳の不自由な夫**の間で生まれる。

（モンテーニュ、哲学者、フランス）

●**理想の夫、理想の妻を得ようとするから失望するのだ**。凡夫《ぼんぷ》と凡婦《ぼんぷ》が結婚するのである。

（亀井勝一郎、評論家）

●幸せな結婚の秘訣は、どれだけ相性がよいかではなく。**相性の悪さをどうやって乗り越えるかにある**。

（ジョージ・レピンガー、心理学者、アメリカ）

●男は結婚するとき、**女が変わらないことを望む**。女は結婚するとき、**男が変わることを望む**。お互いに失望することは不可避だ。

（アインシュタイン、理論物理学者、ドイツ→アメリカ）

●結婚とは、**男の権利を半分にして義務を二倍にすることである**。

（『女について』ショーペンハウエル、哲学者、ドイツ）

●**決して一か八かというきわどいところまで進んではいけない。**それが夫婦生活の秘訣である。

（ドストエフスキー、作家、ロシア）

●**結婚前の女と結婚後の女は同じ女ではない。**

（夏目漱石、作家）

（5）人生と志

●処し難き事に遇《あ》わば、妄動すること得《え》ざれ。須《すべか》らく**幾《き》（機の意）の至るを候**（うかが）いて之に応ずべし。

（佐藤一斉）

●**心志を養ふは養の最《さい》なり。**

●夢を持つと**苦難を乗り越える力**が湧いてくる。

（シュリーマン、実業家、古代遺跡発掘者）

●**志成《な》らずんば再びこの地をふまず**（21歳の時、自家の柱に刻む）。

（野口英世、医学博士（京大より）、理学博士（東大より））

▲「ロックフェラー医学研究所の英世は、科学への献身により、人類のために生き、人類のために死んだ」

（墓碑銘、ニューヨークの墓地）

●**人の志操は、**失意の時に真にして、人の情好は、失意の時に密なるものである。

（大隈重信、政治家、早大創立者）

●人間を偉大にしたり卑小にしたりするのは、その人の志である。
（フリードリヒ・フォン・シラー　詩人、ドイツ）

●人の巧を取って**我が拙**《せつ》**を捨て、**人の長を取って**我が短**《たん》**を補う。**
（木戸孝允、武士・政治家）

●男児が事をなすには時がある。たとえ市井の侠客と呼ばれても、一片の素心はいまだ変わってはいない。
（高杉晋作、志士、思想家）

●生きながら死人となりてなりはてて、おもいのままになすわざぞよき。
（『至道無難禅師法語』、江戸時代の禅僧）

●俗物とは**精神的要求のない人**である。
（ショーペンハウエル、哲学者）

●男子、**志を立てて郷関**《きょうかん》**（故郷）を出ず、**学もし成《な》らずんば死すとも還らず。骨を埋むるにただ墳墓の地のみならんや、**人間いたるところに青山あり。**
（月照《げっしょう》、江戸末期の勤皇僧。京都、清水寺・成就院の僧）

●**力の及ぶ限りは、善き方に尽くすべし／食するたびに、百姓の艱難**《かんなん》**を思ふべし**／何時何人に接するも、客人に接するように心得べし／**人にはすべて能**《のう》**、不能**《ふのう》**あり、いちがいに人を棄**《す》**て、あるいは笑ふべからず。**
（山岡鉄舟、剣客、無刀流の祖、幕府講武所剣術心得、伊万里県知事など歴任、勝海舟・高

橋泥舟・山岡鉄舟は「**幕末の三舟**」と称される）

（6）人生と子ども

●生まれつきの心には喜びもなく怒りもなし。**万物を照らす霊妙《れいみょう》の佛心ばかりなり。**

（盤珪《ばんけい》禅師、江戸前期）

●おさなごのしだいしだいに智慧づきて佛に遠くなるぞかなしき

（同）

●実《げ》に嬰児《あかんぼ》の目を見る時ばかりは、**人間はみな清く美しい星の化身**とうなずかれる。

（『薺《なずな》』泉鏡花、作家）

●**子供は眠っているときがいちばん美しい。**

（『不安の概念』キルケゴール、哲学者、デンマーク）

●**子供は涙で命令し、**聞いてもらえないと、わざと自分を傷つける。

（『恋愛論』スタンダール）

●**みどり児のめでたさは、その絶対の独自さである。親やこの世界の型の外にあふれているその輝く自由さである。**

（『みどり児の心』羽仁もと子、自由学園創始者）

●**子供には批評よりも手本が必要である。**

（『パンセ』ジューベル）

●幼年時代を持つということは、一つの生を生きる前に、**無数の生**を生きるということである。

（『パリの手紙』リルケ）

●子供にとっては、**慈愛ぶかい母親を持つこと以上の不幸はない。**

（モーム、作家、イギリス）

※母親の過保護と無原則な子育てによって、子どもの自立（律）と発達が阻害されるからである。その結果、子どもの「家庭内暴力」が発生することもある。それは子どもの自立へのあがきである。厳格すぎる場合も同じである。

参考類語

慈母《じぼ》に敗子《はいし》（非行児の意）**あり。**

（『韓非子《かんびし》』中国古典）

●**強くあれ、賢くあれ、正直であれ、愛と真理を常に思うてあれ、**少なくともおん身を生みたる者よりも優れたる善き人間であれ。

（『小さい兄弟』野上弥生子、作家）

（7）人生と青年期

●**憧憬《どうけい》**（あこがれ）**は青年期の基本的感情である。**

（ビューラー、心理学者、ドイツ）

●青春とは人生のある時期のことではない。**それは心の状態、つまり心の持ち方のことである。**
（サムエル・ウルマン）

●**自分自身の意見**を持ちはじめた時に、青春がはじまるのだ。
（『失われた青春』田宮寅彦）

●青年は情の時代だ。
（『坑夫』夏目漱石）

●**青年は真面目がいい。**
（『書簡』）

●**真面目とはね、君、真剣勝負の意味だよ。**遣《や》っ付《つ》ける意味だよ。遣っ付けなくちゃ居られない意味だよ。**人間全体が活動する意味だよ。**
（『虞美人草』）

●青春とは**不断の酔心地**である。つまり**理性の熱病**である。
（ラ・ロシュフーコー、作家、政治家）

●**できないことを望む人間を私は愛する。**
（ゲーテ）

●「**若さ**」はその人の**生命力が貯えている豊富な成長力**―生きようとする力そのものである。
（『愛の創作』与謝野晶子）

●青年は**希望の幻影**をもち、老人は**想起の幻影**をもっている。
（『死にいたる病』キェルケゴール）

●**青春はとかく己に謀叛《むほん》したがるもの、**そばに誘惑する人がいなくとも。

（『ハムレット』シェークスピア）

（8）人生と希望

●下ばっかり向いていたら、**虹を見つけることなんかできないよ。**

（チャップリン、映画監督、俳優）

●新聞売り子、印刷工、おもちゃ職人、ガラス拭き、診療所の受付、等々と、あらゆる職業を転々としたが、**俳優になるという最終目標だけは、一度として見失わなかった。**

（チャップリン）

●**希望は悲しい時の最上の音楽である。**

（ボーン、司法官、イギリス）

●**希望は人を成功に導く信仰である。**希望がなければ何事も成就するものではない。

（ヘレン・ケラー、多重障碍《がい》者、ハーバード大学卒業）

●**忍耐と勤勉と希望と満足**とは境遇に勝つものなり。

（『欺かざるの記』国木田独歩）

●この避け難い**戦争の悩みの中で、世界の苦の中で、**草木の再生がやがて自分達の再生であることを願っていないものは殆ど無い。

（『新生』島崎藤村）

●**極端な希望は極端な悲惨から生まれる。**

（バートランド・ラッセル、哲学者、数学者）

●**雲の如く高く／くものごとくかがやき／雲の如くとらわれず**

（小川未明、童話作家）

(9) 人生と愛

●愛は生命の花である。

(『内省と展望』ボーデンシュタット、詩人、ドイツ)

参考類語

㋐**愛の最高の証《あかし》は、信頼である。**

(ジョイス・ブラザース、心理学者、アメリカ)

㋑愛することの第一の義務は、**相手の話をよく聞いてあげることである。**

(パウル・ティリッヒ、神学者、哲学者、ドイツ)

㋒あなたがいかに私を愛してくれているかをどうしてわかるんでしょう?

それは、**私をありのままに受け入れてくれるから、**

それは、**苦しんでいるとき、つらいときに私を助けてくれるから、**

それは、**楽しいとき、調子のよいときに一緒に笑ってくれるから、**

それは、**あなたの人生、あなたの夢、あなたの悲しみ、あなたの喜び、そして、〝あなたの愛〟を、私も分かち合うから、**

私にはわかるんです。

(キャサリン・パルシファー、エッセイスト、カナダ)

㋓恋愛は、おおかたの場合、**二つの虚栄心の結合である。通常は一方の要求が肥大している。**

(『石さまざま』フリーデル、作家、オーストリア)

㋔……少なくとも恋愛は、チャンスでないと思ふ。**私はそれを、意志だと思ふ。**
（『チャンス』太宰治）

㋕**愛する相手に借りがある、**いつもそう感じている人こそ本当に愛しているのです。
（ラルフ・W・ソックマン）

㋖**恋は悪魔であり、火であり、天国であり、地獄であり、快楽と苦痛、悲しみと悔いがそこに住んでいる。**
（『羊飼いの満足』リチャード・バーンフィールド、イギリスの詩人）

㋗恋のいちばん大きな幸福は、**愛する女の手をはじめて握ること**である。
（『恋愛論』スタンダール、作家、フランス）

㋘女の運命は、**その愛される量のいかんに存する。**
（ジョージ・エリオット、作家、イギリス）

㋙愛について唯の一言もふれていない愛の手紙こそ、**最上の恋文**というべきであろう。
（『断想』亀井勝一郎、評論家）

㋚**あなたは、あなたの隣人を自分自身だと思って愛しなさい。**
（『聖書』レビ記19～18）

㋛**わたしは愛を喜び、犠牲を喜ばない。**
（『聖書』ホセア書6～6）

㋜愛は本質的にダイナミックであって、**愛する対象から最善のものを引き出す運動である。**
（マックス・シェーラー、哲学者）

㋝**愛とは人と人を結びつける力です。**
（フロム、哲学者、アメリカ）

㋞**愛は幸運の財布である。与えれば与えるほど中身が増す。**
（ヴィルヘルム・ミューラー、詩人）

●**男女間の心理的距離は、物理的距離に比例する。**
（ボッサード、心理学者、アメリカ）

●**純粋な感情程美しいものはない。美しいもの程強いものはない。**
（『彼岸過迄』夏目漱石、作家、英文学者）

（10）人間の劣化・おろかさ

●雑阿含経《ぞうあごんきょう》にみる四種類の人間
（a）闇から闇にさまよう人／（b）**闇より光にむかう人**
（c）光より闇にむかう人／（d）**光より光へすすむ人**

●半途《はんと》にて懈《おこた》れば前功を失ひ未熟にかへる。
（『艮斎閑話《こんさいかんわ》』）

●自分がみにくいアヒルだと思っていたころは、**こんなたくさんの幸せがあるなんて、**思ってもみなかった。
（『みにくいアヒルの子』アンデルセン、作家、デンマーク）

●**同情は悪しき慈善である。**
（『わが箴言』リヒテンベルク）

●自尊心のない男ほど厭《いや》なものはない。

（『晩菊』林芙美子）

●人間は、この宇宙の不良少年である。

（オッペンハイマー）

※オッペンハイマーは著名な物理学者であり、米国における原爆開発・製造の責任者であった。1945年7月16日に核実験が行われ、短期間に3基の原子爆弾が製造されて、8月6日に広島、8月9日に長崎に投下された。原爆による大量虐殺である。

のちにオッペンハイマーは「我は死（神）なり、世界の破壊者なり」と述べた。まさに、その通りである。この言葉はヒンズー教の聖典『バガヴァッド・ギーター』の詩編の詞である。

（11）人間の悪・苦・貪欲・憎しみ・恐怖

●他人の悪を能く見る者は、己が悪これを見ず。

（『等持院御遺書』足利尊氏）

●あらゆる悪は弱さからくる。

（『エミール』ルソー、思想家）

●その身にそまりては、いかなる悪事も見えぬものなり。

（『日本永代蔵』井原西鶴）

●いづれの人も行ひ悪しくせんとはあらねども、**心足らずして我身をもほろぼすなり。**

（『盲安杖』鈴木正三）

●悪をなす者はみずからにも悪をなす。

（『自省日記』アウレリウス、ローマ皇帝）

●**憎悪は抑えられた連続した怒りである。**（『風習についての考察』チャールズ・デュクロ、作家、仏）

●**自負・嫉妬・貪欲は、人の心に火を放てる三つの火花なり。**（『神曲―地獄編』ダンテ）

●**恐怖はつねに無知から発生する。**（『アメリカの学者』エマーソン、哲学者）

●人間には二つの大きな罪があり、すべてはこの二つに起因している。すなわち、**我慢のなさと怠惰。**（『アフォリズム』カフカ）

●**善にはつねに悪が混じっている。**（『詩人の日記―1834』ヴィニィ、詩人、フランス）

●**悪人とは、**いかに善良な過去を持っていても、まさに堕落の道をたどろうとし、善良さの度合いが減退する人間である。**善人とは、**いかに道徳的に価値の少ない過去を持っていようと、さらに善に向かって進んでいる人間である。（『哲学における経過』デューイ、アメリカ）

●**悪人が受けるおもな罰は、**彼ら悪人が善心に立ちかえった瞬間に、よりよくなろうと願っても、**もはや善の道に還ることができないという点にある。**（『幸福論』ヒルティ、哲学者、スイス）

●**悪と善とは神の右手と左手である。**（『フェスタス』ベイリー、詩人、イギリス）

●最高の善は快楽、最大の悪は苦痛なり。（『目的について』エピクロス、哲人、ギリシャ）

(12) 一級品・最上質のものに接する

●趣味というものは、中級品ではなく、**最も優秀なものに接することによってのみつくられる。**

（『ゲーテとの対話』エッカーマン）

●よき人生には三つの要素がある。**学ぶこと、稼《かせ》ぐこと、そしてあこがれること。**

（クリストファ・モーリー、詩人）

●趣味は社会の油である。油なき社会は成立せぬ。**汚れたる油に回転する社会は堕落する。**

（『野分』夏目漱石）

●人間の上等下等は趣味で大概きまる。

（『幸福者』武者小路実篤）

●**趣味は魂の文学的良心である。**

（『パンセ』ジューベル、哲学者、警句家、フランス）

●人間のまことの性格は、**彼の娯楽によって知られる。**

（『断片』レイノーズル、画家、イギリス）

●**終身の楽しみありて、一日の憂いなし。**

（荀子、儒学者、中国）

(13) 自己変革・社会変革

●幸せな人生の秘訣は、**変化を快く受け入れることである。**

（ジェイムズ・スチュアート、俳優）

●**成長とは自己決断の能力の増大である。**

（トインビー、経済史家、イギリス）

●**対立するものが、利益をもたらす。**

（『ソクラテス以前哲学者断片』ディールス・クランツ編）

●障害物とは、**目標から目をそらしたときに見えるものである。**

（ヘンリー・フォード、フォード・モーター創業者）

●性格は、三度目、**四度目の試み**でどうやったかによって形づくられる。

（ジェームス・A・ミッチェナー、作家）

●**全体は個人のために、個人は全体のために存在する。**

（みんなは一人のために、一人はみんなのために）

（『三銃士』デュマ、詩人・作家、フランス）

●事《こと》を論ずるには、**当《まさ》に己《おのれ》の地《ち》、己の身《み》より見《けん》を起こすべし。**

（吉田松陰、松下村塾創設者、修己治人の学と国家経世の学を重視）

●**考えるとは、踏み越えることである。**

（『希望の原理』ブロッホ）

●本当に踏み越えるとは、**歴史の中に備わっている弁証法的に進展する傾向を知り、活性化することである。**

●**社会は変らねばならぬ。すべての自然の美を美として蘇らせ得る社会が来なければばな**

らない。
（宮本百合子、作家）

●**我を没却する程度が大きくなるにしたがい、わが世界は拡大する。**
（ヒッペル、作家、ドイツ）

（14）新鮮な感覚と知的好奇心

●我々が人間の心に発見する最初にして、**最も単純な感情は好奇心である。**
（『壮美と美』エドマンド・バーク、哲学者）

●**好奇心は力強い知性の最も永続的な特性の一つである。**
（『ランブラー―103号』サミュエル・ジョンソン、イギリス）

●**未知の世界**ということが僕を刺激するのである。
（『追儺』森鷗外）

●**啓蒙とは、みずからの責任で陥った未成年性から、人間が脱出することである。未成年性とは、**他人の導きなしにはみずからの悟性を使うことができないことである。
（『啓蒙とは何かという問いに答える』カント、哲学者、ドイツ）

●**観察力の優劣は、人間に大きな差をつける。**
（サミュエル・スマイルズ、作家）

●すべての物事には、**なぜ、なにゆえに、**という理由や原因がある。
（『ヘンリー五世』シェイクスピア）

※この視点から政治を視ると、政策や施策の正否や適否がよく解かる。たとえば、菅内閣時代の日本学術会議の6名の「任命拒否」事件の不可解さである。「なぜ、なにゆえに」の説明もできないまま内閣も終了してしまった。内閣の「つまづき」の始まりとなった。

●**自分の心を新陳代謝させる時間をつくりなさい。**
（マクスウェル・マルツ、医師、作家、アメリカ）

●**ユーモアのセンスをもっていると、**人間性の矛盾を楽しむようになる。
（モーム、作家、イギリス）

参考類語

一流の人物というのは、ユーモアのセンスを必ず持つ。（『ユーモリスト吉田』獅子文六）

●興味があるからやるというよりは、**やるから興味ができる**場合がどうも多いようである。
（『写生紀行』寺田寅彦、物理学者、随筆家）

⒂ 人生と情熱

●私たち一人ひとりが航海しているこの人生の広漠とした大洋の中で、**理性は羅針盤、**

情熱は疾風。

（アレキサンダー・ポープ、詩人、イギリス）

●この世におけるいかなる偉業も**情熱なしには成就されなかった。**

（『歴史哲学』ヘーゲル、哲学者、ドイツ）

●**魂のこもった青春は**そうたやすく滅んでしまうものではない。

（カロッサ、医師、作家、詩人、ドイツ）

●青年は教えられるより、**刺激されることを欲する。**（ゲーテ）

●**熱心は成功の度に応じて鼓舞《こぶ》せられるものである。**（『吾輩は猫である』夏目漱石）

●**人間は不可能なことを企てなければ、倦怠を感ずる。**（アラン）

●**情熱が支配するところでは、いかに理性が弱いものであるかを立証する。**

（『張り合う夫人たち』ドライデン、詩人、イギリス）

※**戦時においてはそれが顕著になる。**感情や情熱が社会を支配するようになって、理性的判断や合理的判断を排除してしまう。**理性や合理性が無力化されて、不条理な戦争が強行される。**現在強行中のロシアのウクライナ侵略の中で、捕虜となったロシアの将校は「**この戦争の大義**」が理解できないと語っている。10万余のロシア兵に「**心的外傷後ストレス障害**」（ＰＴＳＤ）が起こっているとも報道されている。

参考類語

㋐**情熱は理性をも征服する。**（『道徳論』ポーブ、詩人、イギリス）

㋑**情熱は、生命力を誤用する。**（『群盗』シラー、詩人、ドイツ）

※戦争の中では情熱を持った生命力がたやすく誤用され、悪用される。それが常である。

㋒**情熱こそは人間性のすべてである。**（『人間喜劇』バルザック）

(16) 問題を解決するには？

●**人必死《ひっし》の地《ち》に入《い》れば、心必ず決《けっ》す。**（横井小楠《しょうなん》、思想家）

●必ず果たし遂げんと思はん事は、**機嫌を言ふべからず。**とかくのもよひ（用意、準備）なく、足を踏み止むまじきなり。（『徒然草』）

●トラブルから脱出するときは、常に**もっとも簡単な方法**を選べ。（ゲーリー・プレーヤー、プロゴルファー、南アフリカ）

●**全体的破壊を回避するという目標は、あらゆる他の目標に優先せねばならない。**（『晩年に想う』アインシュタイン）

●失敗は資本の欠乏より**エネルギーの欠乏**からしばしば起こる。

●中国語では「危機」という言葉は二つの漢字でできている。**一つは危険、もう一つは好機である。**

（ウェブスター、辞典編集者）

●たとえ練習中でも、**私は必ず頭の中でショットの軌道の鮮明なイメージ抱きながら**ボールを打つようにしている。

（ジョン・ケネディ、米合衆国大統領）

（ジャック・ニクラウス、アメリカの著名なプロゴルファー）

参考類語

球を遠くに飛ばすことより、**自分をコントロールすることが勝敗に結び付く。**

（ジャック・ニクラウス）

●よいアイデアを思いつくための最善策は、**できるだけ多くのアイデアを思いつくことだ。**

（ライナス・ポーリング、化学者、アメリカ）

(17) 人生と旅

●あらゆる旅は、**その速度に正比例してつまらなくなる。**

（『近代画家論』ジョン・ラスキン、イギリスの批評家）

●いとおしき子には、旅をさせよといふ事あり。**万事思ひ知るものは、旅にまさる事なし。**

（『東海道名所記』浅井了意）

●旅はどんなに私に**生々としたもの、新しいもの、自由なもの、まことなるものを与えたであろうか。**旅に出さえすると、私はいつも本当の私となった。（田山花袋、作家）

●旅は私にとって**精神の若返りの泉**である。（アンデルセン、デンマークの作家）

●普通のことでも、目新しかったり不意にことが起こると冒険をしている感じがするのは、**旅先での楽しみである。**

（『イタリア紀行』ゲーテ）

●誰でも旅行をするについては、**何を見るべきか、何が自分に大切か**、を知っていなければいけない。

（『ゲーテとの対話』エッカーマン）

●旅行についての心得は、まず**その土地《の》貧富を見分けること。**

（『天上の花』三好達治―萩原葉子）

●私は常に思っている、**人生は旅である、我等は忽然として無窮よりうまれ、忽然として無窮の奥に往ってしまう。**

（若山牧水、歌人）

●外国人の旅行者にとっては、**古いものだけが新しいのであって**、それだけがその人の心をひきつけるのである。

（小泉八雲、東京帝大講師）

●**この世でもっとも楽しいことの一つは旅に出ることだが**、私は独りで旅に出かけるのが好きだ。

（『卓上談』「旅について」ハズリット、評論家、イギリス）

●よそ者として来て、よそ者としてまた出て行く。

（『冬の旅』ウィルヘルム・ミュラー、詩人）

⒅　人生と孤独

●**孤独はこの世でもっとも恐ろしい苦しみだ**。どんなにはげしい恐怖にも、みんながいっしょなら耐えられるが、孤独は死に等しい。

（『第二のチャンス』ゲオルギュ、作家、ルーマニア）

●孤独を愛さない人間は、自由を愛さない人間になってしまう。なぜなら、**孤独でいるときにのみ、人間は自由になれるのだから**。

（ショーペンハウアー、哲学者、ドイツ）

●**孤独とは、全ての卓越した精神の運命である**。

（『小品と補遺』）

●孤独は、**優れた精神の持ち主の運命**である。

（モンテスキュー、哲学者、フランス）

●孤独は**知恵の最善の乳母**である。

（『唯一者とその所有』シュティルネル、思想家、ドイツ）

●君はいつでも好きなときに自分自身の内に引きこもることが出来る。実際いかなる所といえども、**自分自身の魂の中にまさる平和な閑寂な隠れ家を見出すことはできない**であろう。

（『自省録』マルクス・アウレリウス・アントニヌス、ローマ帝国皇帝）

●孤独は神とともに暮らせない者には害がある。**孤独は魂の力量を強化する**が、また同時に働きかけるべき対象をすべて彼から奪ってしまう。

（『ルネ』シャトーブリアン、政治家、文学者、フランス）

●人、世間愛欲の中にありて、**独り生まれ、独り死し、独り来り、独り去る**。

（『無量寿経』、佛教経典）

⒆ 人生と沈黙

●**だれかと一緒に沈黙できるというのは素敵だ**。

（『切れっぱし』トゥホルスキー、作家、ドイツ）

●しばらく二人で黙っているといい。**その沈黙に耐えられる関係かどうか**。

（キルケゴール、哲学者、デンマーク）

●**三つの広がりに数えるべきは、時間、空間、沈黙である**。空間は時間のなかにあり、沈黙は空間のなかにある。

（『随想録』ジュベール）

●**沈黙ほど圧政者に対して恐ろしい武器はない**。

（『冷笑』永井荷風）

●**沈黙とは人間の心の中の鉱脈のようなものだ。**

（『青春をどう生きるか』亀井勝一郎）

●**沈黙は堪えられない当意即妙の応答**である。

（『ディッケンズ』チェスタートン、作家、詩人、イギリス）

⒇　人生と自然

●自然の……造花の秘密には、不思議さと同時に美しさがある。**そしてその不思議さと美しさにおどろくこころは、**単に科学の芽生えばかりではなく、また人間性の芽生えでもある。

（中谷宇吉郎、物理学者、北海道大学教授、氷雪学の開拓者）

●自然に帰ることの外に、真の復興は無い。自然の他に、ついて学ぶべき所は無い。**自然こそ真の教本である。本の中での本《バイブル》である。**

（『クラシック』上田敏、詩人、評論家）

●書は能く人を教へ、自然は能く人を造る。社会は能く人を制裁し、**自然は能く人を開放す。**

（『夏季の学生』高山樗牛）

●**誰でも自然の美に見とれるような閑散な時には、**おだやかな虚心の気持ちになるのが自然である。

（『竹沢先生と云う人』長与善郎）

●**自然に酔う甘美なこころもちは**日本文化を貫通して流れる著しい特徴である。

（『古寺巡礼』和辻哲郎、哲学者）

●風土の陰鬱は直ちに人間の陰鬱なのである。（『風土』）

●自然は春においてまさしく慈母なり。（『自然と人生』徳富蘇峰）

●五月の朝の新緑と薫風は私の生活を貴族にする。（『月に吠える』萩原朔太郎）

●四季を文学にたとえて見れば、春は抒情詩、夏はドラマ、秋はエッセイ、冬は小説である。（『阿帯』萩原朔太郎）

●山林に自由存す／われ此句を吟じて血のわくを覚ゆ

（『独歩吟　山林に自由存す』国木田独歩）

●林の奥に座して四顧《しこ》し、傾聴し、睇視《ていし》し、黙想す。（『武蔵野』）

●自然・日光・忍耐は三大医師である。（イギリスの格言）

●人は自然に背《そむ》いて栄ゆること能《あた》はず。（『エマルソン』北村透谷）

●季節の移り変りなどに関心がなくなり、かくも快い自然の賜物に無感覚になるとき、最大の不幸、最悪の病があらわれ、人生が厭《いと》うべき重荷に思えてくるのである。（『詩と真実』ゲーテ）

●自然の極致は愛である。愛によってのみ、人は自然に近づくことができる。（ゲーテ）

●どんなものでも、自然という造物主の手から出るときは善であり、人間の手にわたってからは悪となる。（『エミール』ルソー）

（21）人生と詩歌

●力を入れずして天地を動かし、目に見えぬ鬼神をもあはれと思はせ、男女の仲をも和らげ、猛き武士《もののふ》の心をも慰むるは、歌なり。

（『古今和歌集仮名序』紀貫之）

参考類語

●満目青山は心にあり。

（能『弱法師《よろぼし》』）

●歌の大事は、詞《ことば》の用捨にて侍《はべ》るべし。

（藤原定家）

●詩は心を気高く澄ますものにて候。

注：ここでの「詩」は漢詩の意

（『難波土産』近松門左衛門）

●文句は情をもととすと心得べし。

（『古学先生文集』伊藤仁斎）

●詩は俗をもって善しとす。

●植物の運命と人間の運命との似通いを感ずることが、すべての抒情詩の久遠の題目である。

（『抒情歌』川端康成）

●仲春《ちゅうしゅん》の令月《れいげつ》にして、時和《ときなごや》かに氣清《ききよ》し

（『文選《もんぜん》』中国、6世紀）

初春《しょしゅん》の令月《れいげつ》にして、氣淑《きよ》く風和《かぜやわら》ぐ

（『万葉集』日本、8世紀）

※日本の年号「令和」の出典『万葉集』であるが、6世紀の『文選』にすでに類似の詩文が収録されている。『文選』はすぐれた詩文を集めた詩文集である。清少納言も「ふみは文集《もんじゅう》・文《もん》選《ぜん》」と評価している。日本文化は「**和室**」、「**漢室**」、「**韓室**」、「**洋室**」の多層構造になっており、漢字文化圏の共通性を理解することが適切のように思われる。

●唐土《もろこし》（中国の意）とこの國とは、言《げん》異なるものなれども、月の影は同じことなるべければ、**人の心も同じことにやあらむ**。

（『土佐日記』紀貫之）

(22) 人生と読書

●あなたにもっとも役立つ本は、**あなたをもっとも考えさせる本**である。

（ロバート・B・パーカー、作家、アメリカ）

●悲しい気持ちに**襲われた**とき、**本を読むことほど、元気づけてくれるものはない**。

（モンテーニュ、哲学者）

●読書の目的は、要するに**自分の原典を発見する**ということに尽きる。

（『現代読書論』亀井勝一郎、評論家）

●**書籍は観念の滋養物なり**。

（坪内逍遥、英文学者、作家）

●**室《へや》に書籍がないのは体に魂のないようなものだ**。

（キケロ、紀元前ローマの雄弁家）

●インドの全財宝をあげても、**読書の楽しみには換えがたい**。
（ギボン、歴史家、イギリス）

●読書はもとよりはなはだ必要である。ただ一**つを読んで十を疑い百を考える事が必要である**。
（『知と疑い』寺田寅彦）

●**心の破産を防ぐ道は読書に限る**。（武藤山治、鐘ヶ淵紡績社長、時事新報社長、政治家）

●繰り返して読む愛読書をもたぬ者は、**その人もその思想も性格がないものである**。
（『読書と人生』三木清）

●男子すべからく**五車**（五台の車の意）**の書**を読むべし。
（杜甫《とほ》、中国）

●**古典こそが最も崇高な記録に残された人間の思想であり**、これに代るものが一体どこにあるだろうか？
（『森の生活』ソロー）

●**良書を読むことは**、それらの書者である過去の時代の最も優れた人たちと会話を交わすようなものだ。
（デカルト、哲学者）

●**読む価値のある書物は買う価値がある**。
（ラスキン、批評家）

●**良い言葉の一つは多くの本の一冊に勝る**。
（ルナール、作家）

●**とにかく平日、なぐさみのように読書すべし**。
（『遺書』福田行誡、増上寺法主、浄土門主）

●広く大きなる書を読むは、**長き旅路を行くが如し**
（本居宣長、国学者）
●**読書ほど安価な娯楽はなく、長く続く快楽はありません。**
（メアリー・W・モンタギュー、書簡文学者、イギリス）
●若い時に読んだ本の中で**もっとも重要なものを、**人生のある時期に、**もう一度読んでみることが大切だ。**
（イタロ・カルヴィーノ、作家、イタリア）
●書を読む者は**その精力の半ばを筆記に費やすべし。**
（吉田松陰）

(23) 人間性の豊かさと愚かさ

●心情の高貴さの大部分は、**人の良さと猜疑心が無いこと**から成り立っている。
（ニーチェ、哲学者）
●美は単に眼だけを楽しませる。だが、**気質のやさしさは魂を魅了する。**
（ヴォルテール、啓蒙思想家、文明批評家、フランス）
●**人間は一般に犬に似ている。**遠くでほかの犬が吠えるのを聞いて、自分も吠える。
（カール・マルクス、思想家）
●豊かな人間とは、**自身が富であるような人間**のことであって、富を持つ人間のことではない。
（ナポレオン、皇帝）
●人間はその**制服のとおりの人間**になる。

●人間は強いられてものごとをしてはならない。

（レッシング、劇作家）

●**賢者は自然の富を熱心に求める。**

（『随想録』モンテーニュ）

●人間は**他人の経験を利用するという特殊な能力**を持った動物である。

（『歴史の理念』コリングウッド、哲学者、イギリス）

（24）人間と虚栄心

●虚栄心は**他人を鏡として**使用し、利己心は**他人を道具として**使用する。

（『ゲマインシャフトとゲゼルシャフト』テンニエス）

●虚栄心は**最も必要な最も美しい装飾品**で、美服と美人とが何《ど》れだけ吾々に幸福の度合を増してくれるものか。

（『冷笑』永井荷風）

●虚栄は**あらゆる人間的なもののうち最も人間的なもの**である。

（『人生論ノート』三木清）

●人間のすべての性質のなかで、**嫉妬は一番みにくいもの**、**虚栄心は一番危険なものである**。

（ヒルティ、哲学者）

●人間というものは、**不幸のどん底にいる時でも**、たいそう見栄をはることがあるものです。

（『絵のない絵本』アンデルセン）

●**ちっぽけな虚栄が、**往々にして人間の一生を破壊させる大きな力になる事もある。

（『畸型児』小幡欣治）

(25) 人生と習慣

●**人はくり返し行うことの集大成である。**だから優秀さとは、行為でなく、習慣なのだ。

（アリストテレス、哲学者）

●**習慣**が第二の天性となり、**天性に十倍する力**を有する。

（ウェリントン、将軍、イギリス）

●**習慣こそ**が人間の生活を導く**偉大な教師**である。

（『人間悟性論』ヒューム、哲学者、歴史家）

●**人生において或る意味では習慣がすべてである。**

（三木清、哲学者）

●**習慣は習慣に制服せられる。**

（『キリストのまねび』ケムピス）

●中途半端にやる習慣を脱し、**全体の中に、善きものの中に、美しきものの中に、**決然と生くることを心せんかな

（ゲーテ、詩人、作家）

●**人間は特定の方法で行動することによって、特定の素質を身につけることができる。**

（アリストテレス、哲学者、古代ギリシア）

●徳に**知性的と意性的の二種類がある**。前者は教え得べきもの、後者はただ習慣によってのみ養成せらる。

（アリストテレス、哲学者）

(26) 人生とは？

●人生は邂逅《かいこう》（出会いの意）への謝念《しゃねん》（感謝の念）である。

（亀井勝一郎、評論家）

●**人生は勇気に比例して縮小もすれば拡大もする**。

（アナイス・ニン、作家、フランス）

参考類語

㋐実のところ、**私たちが運命と呼ぶものは気質である**。気質は変えることができる。

（アナイス・ニン）

㋑運命の女神は待つよりも、**迎えに行くほうが早く確実に出会える**。

（ペルシャの格言）

㋒運命とは、**振り返ってみた時に劇的な結果をもたらした選択に与えられる名前である**。

（J・K・ローリング、作家）

㋓若いころ、私は10回に9回は失敗することに気がついた。だから、10倍働いた。

（バーナード・ショー、劇作家、ノーベル文学賞受賞）

●責任を避けると、自分らしさも逃げてしまう。

（同）

●間違った知識は注意せよ。それは無知よりも危険である。（同）

㋔真の贅沢というものは、ただ一つしかない。それは人間関係だ。

（サン＝テグジュペリ、作家、フランス）

㋕わずかな金で満足すること、これもひとつの才能である。

（ジュール・ルナール、作家、フランス）

●**何事も、不可能だと証明されるまでは可能だ。**（パール・バック、作家、アメリカ）

●ワインを飲んでいる時間をムダだと考えるな。／**その間にあなたの心は休養しているのだから。**

（ユダヤの格言）

●**いろいろな苦痛が互いに入れ替わる。**そのことが、人生を我慢できるものにする。

（『日記』ヘッペル、劇作家）

●会話の第一要素は**真実**であり、第二は**見識**であり、第三は**快適**であり、第四は**機智**（ユーモア）である。

（『語録』テンプル、政治家、随筆家）

●**自覚さえすればどんな生活にだって深い意味ができる。**

（『冷笑』永井荷風）

●生きることとの最大の障碍は（**過度な**）**期待を持つ**ということである。

（『人生の短さについて』セネカ、詩人、哲学者）

●憤怒より自分を抑えるには、**他人の怒れるときに、静かにそれを観察することである。**

（『怒りについて』）

●**人生における悲劇は、**目標を達成しなかったことにあるのではない。**それは人生に目標を持たなかったことにある。**

（メイズ（ベンジャミン）、教育者、キング牧師の師で社会活動家）

●三宝とは何なるやといふに、**第一に健康、第二に知識、第三に富有《とみ》の三つのものなり。**

（『人生三宝説』西周、啓蒙思想家）

●**人能《よ》く足ることを知れば、則ち随地《ずいち》に以て自ら安んずべし。**

（聯瑾、中国）

●**身口意《しんくい》を浄《きよ》むるというは、身《み》をもって身を浄め、口《くち》をもって口を浄め、意《こころ》をもって意を浄むるなり。**

（萬仭《まんじん》和尚）

●**人生は精神の生殖作用である。**

（『断片』フォイエルバッハ、哲学者、ドイツ）

●**言うべき時の「ノー」は、人生の平和と幸福の要訣《ようけつ》である。**

（スマイルズ、作家、医師、イギリス）

●「ノー」というべきときに言えない**人は自分を不幸にする。**

（サミュエル・スマイルズ）

●鳥は卵からむりに出ようとする。卵は世界だ。**生まれようとする者は、ひとつの世界**

を破壊せねばならぬ。

（『デミアン』ヘルマン・ヘッセ、作家、ドイツ）

●誰もがいろんな理由で負けるけれど、**負けというのは簡単に癖になるものだ。**

（ピート・ローズ、メジャーリーガー、アメリカ）

●桃栗三年柿八年柚子《ゆず》の大馬鹿十八年

（詩碑、壺井栄、作家、香川県小豆島出身）

※人生も同じである。個々人によって「芽」の出方や成長速度が異なる。柚子の一大産地は高知県である。柚子に親しみと共感を覚える。

私は毎朝のコーヒーに乾燥「ゆずきざみ」と有機ショウガ粉末を入れて飲んでいる。

（27）食と健康

●君の健康を回復するためには、薬も療法も君に必要ではないのだ。もっとも簡単に暮らすが一番よい方法かもしれない。**少し食べ、少し飲み、そして早くから休むことだ。これは世界的な万能薬だ。**

（ドラクロア、画家）

●**食後の睡眠は銀、食前の睡眠は**金

（トルストイ、作家）

●**美味は合《ごう》に期す**

（漢書《かんじょ》、中国古典）

※「合」は**食材の組み合わせ**の意味である。組み合わせによっておいしさや栄養効果が異なる。沖縄の「チャンプルー」なども組み合わせの妙である。豆腐、ゴーヤー、もやし、キャベツ、そうめん、麩（沖縄産）、ソーセージなど多様な食材が利用される。

食材だけでなく、**人の組み合わせ**などにおいても同じことが言える。親子、教師と児童・生徒、夫婦、上司と部下、恋人同士などの人間関係においても、組み合わせの違いに依ってそれぞれの個性や適性や能力の発揮の度合いが異なってくる。学校においてはクラス規模や集団の質などが大きく影響してくる。

●**人口は幾何級数という比例で増加するが、食物は等差級数でしか増加しない**。そのため食物の奪い合いとなり、強者は勝って生き、弱者は敗れて滅びる。

（『種の起源』ダーウィン、イギリス）

●家は洩らぬ程、食事は飢えぬ程にて、足る事なり。

（『南方禄』千利休）

●眠《ねむ》るに時《とき》を違《たが》えず、食うて飽《あき》きに至らず。

（釈　宗演、鎌倉円覚寺管長（34歳））

●寝る前のリンゴで医者がやせ細り

（イギリスのことわざ）

※果物に関しては、「**金**（**あさ**）、**銀**（**ひる**）、**鉛**《なまり》（**よる**）」という食のおしえがある。食べる時間帯によって効果が異なってくる。夜は鉛ということで、有害とも言える。

●怒りの後、早く食すべからず。食後、怒るべからず。憂ひて食すべからず。食して憂《うれ》うべからず。

（『養生訓』貝原益軒）

●**朝夕の食事はうまからずともほめて食うべし。**

（伊達政宗、仙台藩主）

●健康には自由がある。**健康はすべての自由で第一のものである。**

（『日記―1866・4・3』アミエル）

(28) 人生と知性

●**自分がなんらかの点で他人よりすぐれている**と考えなさい。

（『ガラスの動物園』アービング・ランパー）

●**一人ひとりの生き方が、**一人ひとりの運命をつくりだす。

（前掲書）

●賢者は複雑なことをシンプルに考える。

（ソクラテス、哲学者）

●死ぬまでにひとつのこころだけにでも、**深く分け入ることができたら、**それで幸せとしなければなるまい。

（モーリアック、カトリック作家）

●知力には唯一の欠点がある、すなわち**良心を持っていない**ことである。

（ローウェル、詩人）

●**無知は無罪にあらず有罪である。**

●**知性を伴わぬ名声と富は**危険なる持ち物なり。

（『宿屋アルバム』ロバート・ブローニング、詩人、イギリス）

●**人間の知性はどこかに中心をおく。**それで片方は自力《じりき》、片方は他力《たりき》という。

（『エチカ』デモクリトス、哲人、ギリシャ）

●**東洋の心は無心になること。**どこまでいっても無限で、天地の別れがない。**西洋は二**元の世界。そこには対立があり、一方は他を力で支配しようとする。

（鈴木大拙、佛教哲学者）

（『断片』鈴木大拙）

(29) 人間の意志と主体性

●**自分の外の力に頼れば頼るほど、**あなたはその力にますます支配されてしまいます。

（ハロルド・シャーマン）

●**意志あれば道あり**（ハドソン、探検家、イギリス）（Where there is a will, there is a way）

●**出来ぬと思えばできず、出来ると思えば出来る事が随分ある。**

（『世の中』三宅雪嶺、思想家、評論家）

●**ある考えに支配されると、どこへ行ってもその考えが表されているのに遭う。**風の中にまでその匂いが入っている。

（『トニオ・グレエゲル』トオマス・マン）

●富も財産なり。知識も財産なり。健康も財産なり。才能も財産なり。**意志もまた財産たるなり。**

（内村鑑三、キリスト教思想家）

●善にもせよ、悪にもせよ、**人が或る大決心を堅《かた》めた場合には、其れに附随する一種壮烈な感慨が胸一杯に溢れるものである。**

（『呪われた戯曲』谷崎潤一郎）

●**「自然」の中の唯一の重大かつ畏《おそ》るべきもの、それは意志なり。**

（エマーソン、思想家、詩人、アメリカ）

(30) 人生と職業

●しなければならない仕事には、**必ず楽しい要素が**あるものです。

（ウォルト・ディズニー、ディズニー創業者）

●**「やればできる」**という体験を積み重ねてゆくこと。

（同）

●生きるための職業は、**魂の生活と一致するもの**を選ぶことを第一とする。

（阿部次郎、哲学者）

●猿群から区別される人間社会の特徴は何かというなら、それは**労働**である。

（エンゲルス、思想家）

●**仕事には本筋の仕事と本筋でない仕事とがある。**本筋の仕事とは根のある仕事、本筋でない仕事とは器用だけの仕事である。

（高村光太郎、彫刻家、詩人）

●人間の仕事というものは、それが文学であれ、音楽であれ、絵であれ、そのほかなんであれ、**常にその人自身の自画像**である。

（『万人の道』サミュエル・バトラー、作家、イギリス）

●いかなる職業でも**自分が支配するかぎり愉快であり、服従するかぎり不愉快である。**

（『幸福論』アラン、哲学者）

●あらゆる職業のうち、**最も生産的で最も楽しく、最も自由人に適するものは農業**である。

（シセロ、古代ローマ）

●**農業こそ万人にふさわしい、最大の独立性と幸福とを与える唯一の職業なのである。**

（レフ・トルストイ、作家、ロシア）

●仕事の真の本質は、**集中されたエネルギーである。**（バジョット、経済学者、イギリス）

●**我職業は天与の任務なり、**之を愛重せざるは天与を辱《はずかし》むるなり。

（『有限無限録』清沢満之、佛教思想家）

●看護婦は自分の仕事に三つの関心をもたねばならない。ひとつはその症例に対する理性的な関心。そして病人に対する（もっと強い）心のこもった関心。もうひとつは病人の世話と治療についての技術的（実践的）関心である。

（ナイチンゲール、イギリス）

●病院の第一条件は患者に害を与えないことである。

(31) 人生と怒り

●**正しい人に、正しい程度に、正しい時に、正しい目的、正しい方法で怒ること、**それは簡単ではない。

（アリストテレス、哲学者）

●世の惑ひ深き者は、一朝《いっちょう》（一時）のいかりにその身を忘れて、其親《そのしん》（近親の者）に及ぼす。

（『人となる道』慈雲尊者）

●**怒を敵と思へ**

（『遺訓』徳川家康）

●**怒りは一時の狂気である。**だからこの感情を抑えなければ、怒りが諸君をとって押さえることになる。

（ホラチウス、詩人、古代ローマ）

●**人に小言を言われた時に腹を立てるな。腹の立った時小言を言うな。**

（新島襄、同志社創立者）

●人はその全身を以て、**充分に怒るべき時期**を知らねばならぬ。

（『虚妄の正義』萩原朔太郎）

●怒りほど、**判断の純粋をかき乱す感情はない。**（モンテーニュ）

●**貪《むさぼ》りて生者《しょうじゃ》を殺し、瞋《いか》りて生者を殺し、愚痴《ぐち》にして生者を殺す、皆その罪大なり。**（『正法念処経』）

注：「**瞋り**」は目をつりあげた激しい怒りで、禍《わざわい》をもたらすことが多い怒りである。**この「貪《とん》・瞋《じん》・痴《ち》」は佛教では人間の「三毒《さんどく》」と呼ばれている。**

●強き人の怒りは、**常にその時を待つことができる。**（ラスキン）

●**遅延は憤怒の最良の治療薬**（『憤怒について』セネカ、哲学者）

（32）人生と嫉妬

●妬《ねた》みは魂の腐敗である。（ソクラテス、哲学者）

●**憎しみは積極的不満であり、妬みは消極的不満である。**それゆえ、妬みがたちまち憎しみに変わっても怪しむにたらない。（『格言と反省』ゲーテ、詩人、作家）

●どのような情念でも、天真爛漫に現れる場合、つねにある美しさをもっている。しかるに**嫉妬には天真爛漫ということはない。**（三木清）

●嫉妬は**利己心のいちばん情熱的な形式、**自分を忘却し、自分を従属させることができない、**専制的な気むずかしい虚栄心の強い自我の高揚**である。

（『日記—1880』アミエル、哲学者、スイス）

●感情は絶対的である。そのうちでも嫉妬はこの世で最も絶対的な感情である。

（『人妻とベットの下の夫』ドストエフスキー）

●嫉妬はあらゆる**不幸の中で最も辛く**、しかもその元凶である人に**最も気の毒がられない不幸**である。

（ラ・ロシュフコー、箴言作家）

●空気のように軽いものでも、**嫉妬する者には聖書の本文ほどの手がたい証拠となる**。

（オセロ—三幕三場）

●嫉妬はつねに**他人との比較においてであり**、比較のないところに嫉妬はない。

（『随筆集』ベーコン、哲学者）

●嫉妬とは何であるか？　それは**他人の価値に対する憎悪を伴ふ羨望**《せんぼう》である。

（『人格主義』阿部次郎、哲学者）

●嫉妬とは、**愛の保証への要求**である。

（『アンナ・カレーニナ』トルストイ、作家、ロシア）

●**女は嫉妬に大事を漏らす**。

（『義経千本桜』竹田出雲）

●**嫉妬は所有ということから来る悪癖**である。

●**嫉妬は1000の目をもっている。しかし、一つも正しく見えない。**（ユダヤの格言）

（『愛、愛よりも豊かなるもの』シャルドンヌ、作家、フランス）

(33) 人生と時間

●自分に固有の時間を、他人の時間に帰属させないことに慣れること。自分に固有の時間を、事物の時間に帰属させないことに慣れること。自分に固有の時間を、生の時間に帰属させないことに慣れること。

（『夢見る権利』パシュラール、パリ大学科学哲学教授）

※現代社会においては、通信機器の発達・普及により、自分に固有の時間を、事物の時間に従属させせてしまっている場合が多くなっている。否定的影響にしろ肯定的影響にしろ、いずれにおいても将来に甚大な影響を与えるものと思われる。スマホから高機能コンピューターやAIまで、社会を変容させる多種多様な機器が次ぎ次ぎに登場している。新しい種類の産業革命であり、社会革命であり、情報革命である。

●この世の二大暴君―**偶然と時間**。

（『人類史哲学の理念』ヘルダー、思想家、ドイツ）

●どんな呪いも、愛情にはかなわない。愛情それ自体がもっとも強い魔術であり、これ以外のどんな魔術も、愛情には及ばない。ところが、**その愛情もかなわない力が、たったひとつだけある。なんだろう。……それは時間である。**（『自然の精霊』ハイネ）

●時間を気にすることをやめる最上の方法は、**時間割をちゃんと作ることである。**（レアード）

●時はいっさいのものをゆっくりと破壊する。（『パンセ』ジューベル、哲学者、警句家、フランス）

●**今いまと今という間に今ぞなく今という間に今ぞ過ぎ行く**（道歌）

（34）人生と言葉

●言辞《ごんじ》柔軟にして衆の**心を**悦可《えつか》**せしむ。**（『法華経』佛教経典）

●**人は一言をもってその賢愚**《けんぐ》**（賢さと愚かさ）を知る。**（『曾我物語』）

●**生命は力なり／力は声なり／声は言葉なり／新しき言葉はすなわち新しき生涯なり。**（『詩集―序文』島崎藤村、詩人、作家）

●ことばはいうまでもなく人類が用いた**最も強力な薬品**である。（「演説」キプリング、作家）

●**人間は言語によってのみ人間である。**（シュタインタール、心理学者、ドイツ）

●ほんの少し不正確にすることで、説明をうんと省けることがある。
（ヘクター・H・マンロー、イギリスの作家）

●味わってゆくに従って味の出る言葉は、**真理に根をもっている言葉**である。
（武者小路実篤）

●**深い感動やなやみ—沈黙—表現欲—表現—推敲—未完成の自覚—恨み—**この七つが、人間の言語表現が成立する順序であり、同時にその内容である。
（『現代親子論』亀井勝一郎）

●**美しい言葉から美人は生まれる。**
（『現代女性論』亀井勝一郎）

●**太初**《はじめ》**に言**《ことば》**あり、言は神と偕**《とも》**にあり、言は神なりき。**
（はじめに、ことばがいた。ことばは、神のもとにいた。ことばは、神であった。）
（『新約聖書』ヨハネ福音書1—1～5）

●言葉は、それが語られたというだけで、**すでに宣伝であり、精神的な鎖となる。**
（『プロパガンダと国家権力政治』ハダモゥスキー、ナチ研究家、独）

●荒々しく毒づいた言葉は、**その根拠が弱いことを示唆する。**
（『断片』ユーゴー、作家、フランス）

●無益な句より成る一千言よりも、**聞きて安穏**《あんのん》**を得る一つの益ある句を勝れたりとす。**

●およそ人間の言葉というものは、いや、**神の言葉でさえ**、たいていは**自分の勝手のいいように解釈が出来るものだ。**
（『発句経』佛教経典）
（『虹いくたび』川端康成）

(35) 人生と心・精神

●ひとのなげきを我が嘆きとし、**他の喜こびを自らの喜こびと思えることは、まことの佛法に侍《はべ》るなれ**
（『撰集抄《せんじゅうしょう》』）

●人は肯定においてよろこびを感じ、否定においてかなしみを感じる。しかし、**真実のよろこびというものは深いかなしみの経験のないものには味わうことができない。**
（『弁証法入門』柳田謙十郎、哲学者）

●「**心の窓**」はいつでもできるだけ、**数をたくさんに**、そしてできるだけ**広く開けて**おきたいものだと思う。
（『破片』寺田寅彦）

●奴隷の身分という鎖も、人の手をいましめはすれ、心は縛れない。**心は持ちよう一つで、自由人とも奴隷ともなる。**
（『サッフォ』グリルバルツァ、劇作家、ドイツ）

●**心は必ず事に触れて来たる。**
（『徒然草』兼好法師）

●心の中は場所がいくらでもあってちょうど**魔法の袋**のようだ

（『叙情的救急箱』ケストナー）

（楊氏《ようし》、中国）

●**外物《がいぶつ》を以て心と為《せ》ず。**

※物の豊かさが心の豊かさではない。若い女性の中にはボーナスが支給されると、ヨーロッパへ行って、そこで「自分だけの物」を探す。それを毎年くりかえす。その結果外物は増える。物への依存度も増える。それを繰り返していると、「外物」依存症になって心は行き詰まってしまう。心は「外的」なものと無関係ではないが、基本は「内面的・精神的」なものである。外物は日常生活に一定の貢献はするが、「外物を以て心と為す」ことはできない。

●心というものは、**それ自身一つの独自の世界**なのだ、―地獄を天国に変え、天国を地獄に変えうるものなのだ。

（『失楽園』ミルトン）

●**心で見なくちゃ、ものごとはよく見えない。かんじんなことは目にみえないんだよ**

（『星の王子さま』サン・テグジュペリ）

㋐人知れず人らしきわざせしあとのおのが心の奥のあかるさ

（甲斐《かい》和里子、京都女子大創立者）

㋑心から心に物を思はせて身を苦しむる我身なりけり

（西行法師《さいぎょうほうし》）

㋒いにしへは心のまゝに従へど今は心よ我に従へ　（良寛禅師《りょうかんぜんじ》）
㋓皆人の心の奥のかくれ家に鬼《が》も佛も我も住むなり　（道歌《どうか》）
㋔人といふ人の心に　一人づつ囚人《めしうど》がゐて　うめくかなしさ　（石川啄木）
㋕心とも知らぬ心をいつの間にわが心とや思ひそめけむ　（慈雲《じうん》）
㋖わが心かすかに動くことありて我のみの知るよろこび起る　（窪田空穂）
㋗心こそ心迷はす心なり心にこころ心ゆるすな　（道歌）

(36) 人生と悲しみ

●冬は
手から冷える時と／足から冷える時とがある
悲しみは／いつも真すぐ心に来る　（高見順、詩人）
●汚れっちまった悲しみに／今日も小雪の降りかかる
汚れっちまった悲しみに／今日も風さえ吹きすぎる　（『山羊の歌』所収、中原中也）
●**泣くことの出来ない悲哀**、世の中にこれ位い辛く恐ろしく凄じいものはありますまいねえ　（『書簡』若山牧水）
●涙は口をきかない悲しみのことばである。

（『哲学辞典』ヴォルテール、哲学者、フランス）

●**世にありがたき至宝は涙なるべし。**

（『山庵雑記』北村透谷）

●悲しみにしろ喜びにしろ、それに心をおどらせたことのない人は、けっしてまともな人間とはいえないだろう。

（『ポルトガリヤの皇帝さん』ラーゲルレーブ）

●**私は悲劇を愛する。**私は悲劇の底にはなにかしら美しいものがあるからこそ悲劇を愛するのだ。

（チャップリン、映画監督、俳優）

●深い悲しみは静かな流れのように流れてゆく。

（『ルークリース』シェイクスピア）

●悲しみというものは、別々にはやってこない、**必ず大軍となって押し寄せるのだ。**

（『ハムレット』シェイクスピア）

●悲しみのための**唯一の治療**はなにかをすることだ。

（ジョージ・ルイス、哲学者）

（37）人生と四苦

●父母のゑらび給ひし名を捨てて此の島の院に棲むべくは来ぬ

（明石海人《かいじん》（１９０２～１９３９）、歌人、岡山のハンセン病療養所・長島愛生園で生涯を過ごす。歌集『白描』。現在、『明石海人歌集』（岩波文庫）が入手可能）

昼も夜も疼《うず》きつくしてうつそ身のまなこ二つは盲《し》ひ果《は》てにけり

杖さきにかかぐりあゆむ我姿見すまじきかも母にも妻にも
おのづから出で入る息の安けさや鼻に挿《さ》したる管は鳴るとも

●僕思うんですが、**意志の大きさは絶望の大きさに正比例する**、とね。意志のない者に絶望などあろう筈がないじゃありませんか。（北條民雄『いのちの初夜』）

●苦悩、それは死ぬまでつきまとって来るでしょう。でも誰かが言ったではありませんか。**苦しむためには才能が要るって。苦しみ得ないものもあるのです。**（北條民雄）

●病《やまい》は是れ**善知識**《ぜんちしき》（佛教への導き手）なり。我、苦痛によりて深く菩提《ぼだい》を求む。（『古今著聞集』）

●**病を受くることも多くは心より受く、外より来**《きた》**る病はすくなし。**（『徒然草』）

●**病のある身ほど人の情**《じょう》**の真**《まこと》**と偽**《いつわり》**とを烈**《はげ》**しく感ずるものは無い。**（『破戒』島崎藤村）

●病者ならん人を見ては、**父母のごとく是を見るべし。**（大智禅師）

●一切疾病《やまい》の人をみれば、まさに供養すること佛の如くして異なること無かるべし。八福田の中に、**看病福田は第一なり。**（『梵網経《ぼんもうきょう》』）

●**心病**《しんびょう》**の本**《もと》**はただ一つ、無明**《むみょう》**これなり。**（『秘密曼荼羅十住心論』空海）

注：「無明」は煩悩や迷妄にとらわれて真理をさとることのできない心の状態。邪見・俗念

にとらわれて真理に無知であること。

●好む所（酒や煙草など）を以て身を害するなかれ。嗜欲《しよく》（好みや欲）を以て生を妨ぐるなかれ。（『説苑』中国）

●親子、至りて親しけれども、父病ある時、その子、代わることあたわず。子の痛みを父母わかち忍ぶことあたはず。（慈雲尊者）

●病むものは汝一人ならざるを知れ。（「不治の病に罹りし時」内村鑑三、キリスト教思想家）

●治せぬものは耐えねばならぬ（西洋の諺）（What can't be cured must be endured）

●是の好《よ》き良薬を今留《とど》めてここにおく。汝取って服すべし。差《い》えじ（なおらない）と憂うることなかれ。（『法華経』）

●苦しみは、深いレベルの「神秘」である。解決できる「問題」ではない。（ガブリエル・マルセル、哲学者、フランス）

●苦しみは苦しむ者がその限界を知り、その恐怖に想像を加えさえせざれば、耐えられぬこともなく、かつ永続するものにあらず。（『自省日記』アウレリウス、ローマ皇帝）

●苦しみは人間の偉大な教師である。苦しみの息吹のもとで魂は発育する。

●苦しみが残していったものを味わえ！

（『箴言集』エッシェンバッハ、女流作家、オーストラリア）

苦難も過ぎてしまえば甘美だ。

（『格言』ゲーテ、詩人、作家、ドイツ）

●苦悩を徹底的に経験することによってのみ、それはいやされる。

（『失われたものの追憶』プルースト、作家、フランス）

●丹田《たんでん》（へその下の下腹部）は気の海であり、あらゆる病を鎮《しず》める。**心を丹田に止めると、気息（呼吸、いき）は調和し、病は治るのである。**

（『摩訶止観《まかしかん》』天台智顗《ちぎ》、中国）

参考類語

気海《きかい》丹田に**主心《しゅしん》**が住めば四百四病も皆消ゆる。

（『主心お婆々粉引歌』白隠禅師）

●**病は心に随って転ずるかと覚ゆ。**

（『正法眼蔵随聞記』道元禅師）

●病者は非器（役に立たない）なりと思ふべからず。

（道元禅師）

●受くべからん病は、いかなるもろもろの佛神に祈るとも、それによるまじきことなり。祈るによりて病も止み、命も延ぶることあらば、だれかは一人として病み死ぬる人あらん。

（『浄土宗略抄』法然上人）

●百病は皆気より生ず。病とは気病《きや》む也。**故に養生の道は気を整《ととの》ふるにあり。**

（『養生訓』貝原益軒）

●身をせめて、病を治《じ》せん、とせんよりは、**初めに内慾《ないよく》**（欲望、欲心）**をこらえ、外邪《がいじゃ》（外部からの誘惑、環境からの疎外《そがい》要因）を防《ふせ》げば、病おこらず。**

（前掲書）

参考類語

㋐身はやまいありて、よわくとも**心をばつよく保つべき也。**

（『却廃忘紀』明恵上人）

㋑**肥満**は未開人には見られないし、食べるために働き、生きるために食べている社会層にも現れない。

（『味覚の生理』ブリア・サヴァラン、食通家、フランス）

㋒健康は身体のコンディションの問題ではなく、**心の問題**である。

（『科学と健康』エディ夫人）

●**病気の境涯《きょうがい》に処しては、病気を楽しむという事にならなければ生きて居ても何の面白味もない。**

（『病牀六尺』正岡子規）

●笑え。笑え。**健康なる人**は笑え、病気を知らぬ人は笑え。**幸福なる人は笑え。**

（前掲書）

参考類語

㋐健全なる精神は健全なる身体に宿る。
（『風刺詩』ユヴェナリス、風刺詩人、古代ローマ）

㋑予防は治療にまさる。
（『痴愚神礼讃』エラスムス）

●病気になる最も決定的な要因は、果物や野菜を充分に食べていないことである。
（ジョエル・ファーマン、医学者、アメリカ）

●健康が害されるのは、**人の大腸内で増殖する腐敗性細菌の作用にほかならぬ。**
（同）

●血病気や老衰の原因は腸内細菌の毒素による自家中毒であり、もっとも有効な改善方法は乳酸菌を常用することである。
（同）

参考類語

㋐人は血管とともに老いる。
（ウィリアム・オスラー、医学者、カナダ）

㋑食品の栄養は予防医学の最重要な要素のひとつになる。
（フランシス・M・ポッテンジャー、医学者）

㋒腸内の腐敗は寿命を短縮す。
（イリヤ・メチニコフ、病理学者、食細胞の発見者、ロシア）

㋓人は自ら心して、量を知って食をとるべし。
（『雑阿含経《ぞうあごんきょう》』）

(38) 人生と宗教・信仰

●宗教は内から発して来なければならない。（ショーペンハウエル、哲学者、ドイツ）

●慈善は宗教の極致である。（『後見人』アディソン、詩人、随筆家、イギリス）

●信仰は信仰に由て維持する能はず、信仰は労働に由《より》てのみ能く維持するを得べし、信仰は根にして労働は枝なり。（『所感十年』内村鑑三、キリスト教思想家）

●真の信仰はすべての力の一致である。（『断片』エンネモーゼル、哲学者、ドイツ）

●迷信には神に対する無意識なる恐怖が存す。（『哲学談義』キケロ、雄弁家、政治家）

●信仰は人生の力である。（『告白』トルストイ、ロシア）

●信仰とは、熱望の形をとった愛である。（『覚書』チャニング、牧師、アメリカ）

●上《かみ》よりの迫害を受けるによって真の信仰が顕はれる。（『書簡集』日蓮上人）

●信仰とは、耳で見ることである。（『グノモロジア』フラー、神学者、警句家、イギリス）

●宗教とは絶対的帰依の感情である。（『キリスト教信仰論』シュライエルマッハー、哲学者、ドイツ）

●人間は宗教の起点であり、宗教の中点であり、また宗教の終点である。（フォイエルバッハ、宗教哲学者、ドイツ）

●最上の宗教は最大の寛容である。（『断片』ジラルダン夫人、作家、フランス）

●**宗教は生命の塩であり、力である。**

（『眠られぬ夜のために』ヒルティ、哲学者、スイス）

●信仰は智才の極度なり。

（西洋の格言）

●神道に書籍なし。天地をもって書籍とし、日月をもって証明となす。

（吉田兼倶、室町時代の神道家）

(39) 人生と清きもの・美なるもの

●色の清き者《もの》は観るべく、声の清き者は聴くべく、水の清き者は漱《そそ》ぐべく、風の清き者は当たるべく、味の清き者は嗜《たしな》むべく、香の清き者は嗅ぐべし。**凡そ清き者は皆以て吾が心を洗うに足る。**

（『言志四録』佐藤一斉、儒学者、昌平坂学問所総裁・教授）

※『言志四録』は佐藤一斉が42歳から82歳までの長きにわたる思索の書であり、すぐれた名語録である。佐藤一斉は江戸時代の大学者であり、その門下から佐久間象山《ぞうざん》や安積艮斎《あさかこんさい》などが出た。

●**美は本質的に善に等しい。**

（『美について』ウルリヒ・フォン・シュトラースブルク）

●正しい行為と、真の考えとは、それを行い、それを抱く毎に、**その人の容貌風采に美を加える。**

（ラスキン、美術批評家、イギリス）

⒇ 人生と幸福

●**最初の喜びを忘れない**／感情でなく、態度をコントロールする／**遠くに目をやる**／身体の役割を知る／自分の痕跡を残す／**目の前の現実に集中する**／**障害**（**物**）**に闘志を燃やす**／**自ら求める**／**行動のある困難を　選ぶ**／**決断する技術を持つ**／**価値あるものを探し求める**／**何度でも克服する**

（『幸福論』アラン、哲学者、フランス）

●私は、幸福の秘訣の一つは**自分自身の不機嫌に無関心**でいることだと思う。（アラン）

●物の存在は美しい。**存在は多様であるから美しい**。（『音楽家訪問』アラン）

●人間は**意欲すること**、そして**創造することに**よってのみ幸福である。（アラン）

参考類語

㋐幸福は**閑暇**（**スコレー、自由時間**）に存すると考えられる。

（『ニコマコス倫理学』ソクラテス、哲学者）

㋑幸福というものの真の名は**満足**である。（アミエル、哲学者）

㋒**禍**はいつも**幸福の仮面**をかぶって待っている。（『鳴門秘帖』吉川英治、作家）

㋓人間の幸福は**━人間不相応の行動や思考**をやめることだ。（アレキサンダー・ホープ）

㋔**およそ数ある不幸のなかでも、自ら選んで出来**《しゅったい》（**自ら招く**）**させた不幸ほど、人の心を**

いたましめるものはない。（ソフォクレス、詩人、ギリシャ）

㋕仕事は、人間の幸福の一つの大きな要素である。いや、単なる陶酔でない本当の幸福感は、仕事なしには絶対にあたえられない。（ヒルティ、スイスの法学者、哲学者）

㋖われわれは他人に幸福を分け与えると同時に、それと正比例してそれだけ自分の幸福を増加するのだ。（ベンサム、イギリスの法学者、倫理学者）

㋗福を干《もと》むるの道は、恵《え》（恵むこと）と施《せ》（施すこと）に在り。（佐藤一斉、儒学者、江戸時代）

㋘幸福とは高い精神力が低い精神力によって煩《わずら》わされることのない境地であり、気楽とは低い精神力が高い精神力によって煩わされることのない境地である。（『断想』ジムメン）

㋙幸福とは、つきつめていえば、「謝念《しゃねん》」の二字につきる。（亀井勝一郎、評論家）

㋚費《ついえ》を省《はぶ》いて貧《ひん》を医《いや》す／静座して躁《そう》を医す／縁に随《したが》って愁《しゅう》を医す／茶を煎じて倦《けん》を医す／書を読みて俗《ぞく》を医す（『格言聯壁』金蘭生《きんらんせい》、中国・浙江地方の長者、清朝末期）

㋛極楽西方《ごくらくさいほう》にあらず、己《おの》が善心の方寸《ほうすん》にあり。（『海道記』鴨長明説あり?、紀行文、1223年ころ成立）

注：「方寸」（心、心の中の意）

㋜手を制《ととの》え、足を制《ととの》え、語を制《おとの》え、すべてを善《よ》く制《ととの》えて、内《うち》に悦《よろこ》びあり。

（『発句経《ほっくきょう》』佛教経典）

㋝自《おのずか》ら訪れた福をすぐに使いきってしまうのでなく、二、三分残しておくことによって、そこからまた新しい福が生まれる。これを**惜福《せきふく》**という。

（幸田露伴、作家）

㋞**人間、関心を寄せるものが多ければ多いほど、**幸福になるチャンスが多くなる。

（バートランド・ラッセル、哲学者、数学者）

㋟私は皆さんの行く末については知らない。だが、一つだけ確かなのは、皆さんのなかで、**他者に奉仕する道を捜し当てた人達だけは本当に幸せになれるだろうということだ。**

（アルベルト・シュヴァイツァー、神学者、医学者、演奏家）

㋠**内面の豊かさこそが、**人を倦怠から救い、その老後に真の意味、後退でなくて個性の開花という意味をあたえてくれるのです。

（『老いの意味』ポール・トゥルニエ、精神医学者、哲学者、スイス）

第六部　子ども・子育て

（1）信ヶ原千恵子《しがはらちえこ》（だん王《のう》保育園名誉園長、2020年5月21日入寂）

●問題のない家庭など、ないのですよ。どこの家庭にも、必ず何か問題があるものです。

●どんな理由があっても、子どもを叩《たた》いてはいけません。言葉でどうしても分からない時は、子どもと同じ目の高さになって〝なんで、こんな悪いことするの？　お母さん悲しいわ〟と抱きしめるんです。子どもが、しっかり自分に向き合ってくれていると分かれば、次からは、決してしません。

●通知簿を見た時は、各教科の成績を見て、〝もっと勉強しろ〟と言う前に、まず先に、生活態度の良い所を見て、ほめてあげるんですよ。

●子どもに注意する時は、一つほめて、二つ注意するんです。

●大きくなって、どんな職業についても、その職場で存在感のある人になってほしい。

●運動だけではだめです。勉強だけでもだめです。頭と体と心のバランスがとれた保育が大事なんです。

●毎日、寝る前に、必ず絵本を読んであげて下さい。たとえ十分でもいい、ゆっくりと読んであげて下さいね。
●時間の長さより、密度の高い、かかわりをしてください。
（『大地より出づる愛―本当に悪い子なんて一人もいない―』葛岡達司《くずおかたつじ》編）

※この冊子は園児の保護者である葛岡達司氏（医師）が、その時々の信ヶ原園長先生の言葉を集めて編集した助言集（私家版）である。

（2）**安部《あべ》ふじお**（本名・富士男、横浜市、安部幼稚園創設者、俳人）

疾風《しっぷう》の中や静まる梅一輪／稚児《ちご》去るや庭に蜜柑《みかん》の暮れ残る
蒼天《そうてん》に生まれし柿の甘さかな／大栗に小栗寄り添う毬《いが》の中
蟬《せみ》の羽化《うか》見つめる稚児《ちご》はみなほとけ

※安部幼稚園（横浜市）の保育・教育は「**体験―体得―体解《たいげ》**」が基本になっている。つまり、多様な体験・観察による豊かなイメージの蓄積が基礎になっている。園に隣接する林（借地）が

園児の遊び場になっていた。幼児期は体験とイメージの蓄積期であり、体解（体で理解する）の時代である。幼児期は「知解《ちげ》」（あたまで理解する）の時代ではない。安部幼稚園の見学とお話しから幼児教育の基本が重視されていることが解る。園長先生は90歳をすぎて他界されたが、俳人でもあり、時々郵送されてきた園の印刷物でもよく活用されていた。私は保育者や教育者は詩人的感性や感覚をもつことがとても重要だと考えている。

（3）子どもの虐待

●鞭や虐待はアヘンのようなものだ。感覚が麻痺してくるにつれ、量を倍にしなくてはならない。

（『アンクル・トムの小屋』ハリエット・ビーチャーストウ、作家）

※虐待は深刻な社会病理であるが、2020年度は20万件を超えたことが報告されている。驚愕すべき数である。子どもたちの受難の深刻さが思いやられる。虐待が「特別」ではなく「普通」になってきている。

1980年代に大阪で地域母子保健サービスに関する大規模な調査・研究が行われた。育児不安の問題も含まれていたが、報告書では、不安要因は5つに要約されていた。

1つは、子どもの欲求がわからないこと

2つは、具体的心配項目が多く、しかも未解決のまま放置されていること
3つは、出産以前の子どもとの接触経験及び育児経験が不足していること
4つは、夫の育児への参加・協力がないこと
5つは、近所に母親の話し相手・相談相手がいないこと、であった。

虐待は、これらの要因が複合的に作用しているが、新しい時代の変化や特徴も出てきている。親も子も環境も以前と著しく変化してきている。特に「**無知の増加**」、「**子どもに関する無理解**」、「**加減の喪失**」、「**ストレスの増加**」、「**精神的耐性の弱さ**」、「**過剰な情報量**」、「**母親の孤立と無援**」、「**子どもへの期待過剰**」、そして「**親の自立の弱さと過保護**」などが顕著になってきている。

第七部　障碍《がい》者

（1）ヘレン・ケラー（1880〜1968、多重障碍者、ハーバード大学卒業）

●言葉というものがあるのを、はじめて悟った日の晩。ベッドの中で、**私は嬉しくて嬉しくて、この時はじめて、「早く明日になればいい」と思いました。**

●本は、わたしが見ることのできない、おもしろいことをたくさん教えてくれます。それは人間のように疲れたり、困ったりすることはまったくありません。**くり返し、くり返しわたしが知りたいことを教えてくれます。**

●この世で最高のもの、最も美しいものは見たり触れたりはできません。**心で感じるものです。**

●不幸せの極みにあるとき、自分にはすべきことがあるのだと信じなさい。**誰かの苦悩を和らげてあげられるかぎり**人生は無駄とはならない。（『楽天主義』）

●もしも**乗り越えるべき障害がなければ**、人間ができる豊かな経験の中で、達成する喜びを感じることはないでしょう。

●「**安全**」**とは大抵の場合、迷信にすぎません。**……長い目で見ると、危険を避けることが、危険に飛び込むことよりも安全とは限りません。**人生は大胆な冒険か、無か、そのいずれかなのです。**

●私は一人に過ぎないけれど、それでも一個の人間です。**すべては無理でも、何かはできます。できることを「しない」とは言いません。**

●**私は正義のために戦っている人すべてに共感を覚える。**

●**かの国は富裕層や企業、銀行家、土地投資家、労働搾取をする人たちが有利になるよう統治されています。**

（ヘレン・ケラーの手紙）

（「マンチェスター・アドバタイザー」紙、１９１１年、手紙の一節）

※ヘレン・ケラーは人道主義的立場から社会改革的思想を持つようになっていた。アメリカのロックフェラーの工場でストライキが起こった時、工場は銃で武装した鎮圧隊をやとって、労働者を銃殺したりして弾圧した。ヘレン・ケラーはロックフェラーを「**資本主義の化け物**」と抗議した。日本にも１９３７年以来３回来訪。

（2） 中村久子（1897〜1968、四肢障碍者）

※2歳のころ、左足の甲に凍傷を起こし、左手に移り、高熱で真黒く焼けたようになり、それが右手に移り、そして右足に移る。3歳になって、突発性脱疽《だっそ》（高熱のため筋肉が焼け、骨が腐っていく病気）と診断され、何度も手足を切断する。4歳になって、群立病院（日本赤十字支部病院）で、両腕肘関節と両脚膝関節を切断する。そのあとは、四肢の障碍者となる。

●手が短くとも、足が無くとも、生かされている。そして、残っている肉体の部分に、心から感謝して、その残っている部分を、立派に生かしていくことこそ、〝無碍《むげ》の一道〟（障害物のない一本道）ではないかと思います。

●私を軽蔑し、私を酷使した方々でさえ、いまになって思えば、私という人間をつくりあげるために、力を貸してくださった方々だと、そう感じているのです。

●子を持つ世の親御さま、どんな苦しいことがあっても、悲しいことが起こっても、わが子をすてたり、殺したり、しないでください。／どんなところにも、生かされていく道はございます。

●**私を救ってくれたものは、手足のない私の身体であった。**〝逆境〟こそ私の善知識《ぜんちしき》

（仏教への導き手）であった。

（『生きる力を求めて　中村久子の世界』）

●手足の無い女が一家の主婦―どんな姿なのだろう、どんな格好しているのだろうか？未知の人が好奇心で突然に訪ねられる時、心の底に何かしら嫌なものを感じます。中には私という女が特殊な御利益でも授ける新興宗教の教祖とでも考えている方もあり、家の人たちと、あとで笑うこともありました。

（『こころの手足』）

※『**こころの手足**』は中村久子の自叙伝である。私は本務校の京都文教短期大学の幼児教育系（50冊）の学生だけでなく、ご縁のあった佛教大学社会福祉学科（30冊）及び京都女子大学初等教育学科（短大部）の学生たちの課題図書にも指定した。佛大の男子学生の感想文の中に「**18年間生きてきて、こんなに感動した本は初めてでした**」というのがあった。私はこの『こころの手足』は**人生の必読書**だと考えている。

第八部　哲学者・思想家

（1）パスカル（1823〜1662）

（3歳で母を失くす。哲学者・数学者、フランス。享年40歳）

●想像力は万事を左右する
●私たちは、生きることなく、ただ、生きる準備ばかりしている。
●人は正しい者を強くすることができないので、強い者を正しいことにしてしまった。
●同じように危険な行き過ぎが二つある。理性を直《ただ》ちに否定することと、理性の他は何も認めないことと。
●人はふつう他人の精神の中に生じた理由によってよりも、自分自身で発見した理由によって、一そうよく納得する。
●心はおのずから信ずるものであり、意志はおのずから愛するものである、だから真の対象がないと、心も意志も偽りのものに結びつくよりほかはない。
●主たる能力、これがほかのすべての能力を規制する。
●自然は多様化し模倣する。人工は模倣し多様化する。

●我々の本性は動きにある。全き休息は死である。
●わずかのことが我々をなぐさめる。わずかのことが我々を苦しめる。
●暴力とは、ある一つの道によってしかえられないものを、それとは別の道によってえようとすることである。
●人間は、自然のうちで最も弱い一本の葦にすぎない。しかしそれは考える葦である。
●私は私の尊厳を空間によってではなく、私の思惟の規則によって求むべきである。
●人間は光をもつにおうじて、人間のうちに、より多くの偉大と、より多くの卑小とを発見する。
●まことの宗教は我々のつとめ、我々の無能力・高ぶりと邪欲、それらをいやす方法、へりくだり、節欲を教える。
●聖書の唯一の目的は愛である。

（『パンセ（冥想録）』津田穣訳）

※：引用訳書は訳者・津田穣氏の御子息・津田直樹氏（画家、京都文教短期大学名誉教授）より恵贈された訳書を活用させてもらった。ご縁とご厚意を感謝します。

（2）マルクス（Karl Marx）（1818～1883）

（ドイツの経済学者・思想家、『資本論』の著者、享年65歳）

●**無知は、一種の魔物（デーモン）である。**（マルクス「ケルン新聞」179号社説）

※無知は知らず知らずのうちに悪事や災難をもたらす。それが巨大化して動き出すと、制御できないほどの禍や不幸をもたらす。その顕著なものはむろん戦争である。無知はまさに魔物である。その魔物が巨大化する前に、制御する必要がある。動き出したら制御不能となる。有智より無知が優勢となるのが世の常である。だから、モンスターは巨大化する。

●哲学者たちは世界をさまざまに解釈してきた。だが、**大事なのは世界を変えることで**ある。（『フォイエルバッハにかんするテーゼ』）

●これまでの**あらゆる社会の歴史は階級闘争の歴史**である。（『共産党宣言』）

●人類は、常にみずから解くことのできる問題しか、みずからに課さない。（『経済学批判・序文』）

●環境は、人間が環境をつくるのと同じように、人間をつくる。（『ドイツ・イデオロギー』）

●**意識が生活を規定するのではなくて、生活が意識を規定する。**

●五官の形成は、今日にいたるまでの全世界史の労作である。

（『経済学・哲学手稿』）

●娘からの質問への答え

あなたのすきな徳行……………質朴
あなたのすきな男性の徳行………強さ
あなたのすきな女性の徳行………弱さ
あなたのすきな主要な性質………ひたむき
あなたの幸福観…………………たたかうこと
あなたの不幸観…………………屈従
あなたが一番きらう悪徳…………卑屈
あなたのすきな仕事………………本くい虫になること
あなたのすきな格言………………人間に関することで私に無関係なものはない
あなたのすきなモットー…………すべてをうたがえ

（知的巨人のおだやかな死）

ほんの二分にも満たないわずかな時間、我々が席を立って戻ってみると、彼は肘掛け椅子に座ったまま、安らかな眠りについていました。しかし、その眠りは永遠へとつながる眠りでありました。

（エンゲルス、科学的社会主義の共同創始者）

第九部　琉球・沖縄の歴史、社会、詩歌、メッセージ

（1）おもろさうし

『おもろさうし』（全22巻）は琉球の古謡集であり、首里王府が採録編集したものである。沖縄の『万葉集』とも評される。収録歌数は1554であるが、重複を除くと1248首である。第一巻は1531年である。現存の尚家《しょうけ》＝王家本は国の重要文化財に指定されている。

天《ティン》にとよむ大《ウフ》ぬし（天《てん》に鳴響《とよ》む大主《おほぬし》（太陽の意））
あけもどろの、花の（明けもどろの花の）
注：「もどろ」は光り輝いて輪郭があいまいなさま。
咲《サ》い渡《ワタ》り、あれよ（咲きわたり、あれよ）
見れよ、清らやよ（見ろよ、清《きよ》らやよ）
地天《ヂティン》とよむ大ぬし（地天《ちてん》とよむ大主《おほぬし》）

（『おもろさうし』851）

※太陽がまさに水平線から顕れ出ようとする時の美しい光景を、夜明けの花にたとえて、太陽を賛美した歌である。琉球王国人の美意識を感じさせるものである。

（2）沖縄は言語の共生社会である

※琉球王国は貿易国であった関係で、周辺国の言葉が流入・移入されて方言となり、定着している。中国からは**ターリー**（大人《ターレン》の転訛したもの、父や氏族の意）や**ジーファ**（かんざしの意）、**シーミー**（清明祭、先祖祭祀）や**ムンチュー**（門中、父系的な本家・分家の集団）、**ヒンプン**（中国語では「屏風《ヒンプン》」、屏風《びょうぶ》型の外部と家屋との間の強固な仕切り壁、大きな岩や長方形の石垣、ときには「ヒンプンガジュマル」のように植物が利用される場合もある。外部からの視線を防ぐ役割だけでなく、外部からの悪霊の浸入を防ぐ意味合いもある）など、朝鮮半島からは**イキー**（男きょうだい）や**ウナイ**（女きょうだい）、**アンマー**（母親の意）などの親族語、あるいは、**トゥンジー**（首里方言）などの祭祀は朝鮮半島からの伝来とも言われる。インドシナ半島からは、**ガジャン**（蚊の意）などが入って来ている。稲作とともに北上し琉球に上陸して方言化したと考えられている。

沖縄では日本語の古語も日常語として生き続いている。**南風《ハエ》**、**東風《コチ》**、**魚《イユ》**、**肉《シシ》**、**早朝《ストゥミティ》**（「冬

は早朝《ツトメテ》…」枕草子の序文）、候文などがそうである。沖縄での在職時に那覇市内で服部四郎東大名誉教授（言語学者）の講演を聴講した時にも、先生は「琉球方言は日本語の祖語である」という話をされていた。服部先生はアジアの言語や琉球方言の研究者でもあり、首里方言なども解されていた。

（3）琉球民謡〈散山節《さんやまぶし》〉

あてなしのわらべ《アティナシヌワラビ》　道迷て泣かば《ミチマユティナカバ》　おし戻ちたばうれ阿弥陀佛《ウシムドゥチタボリアミダブトゥキ》

（行き先も分からない子どもです。あの世で道に迷って泣いているようでしたら、どうかこの世へ送り返してくだされ、阿彌陀佛さま）

※琉球民謡の中に阿弥陀佛が登場するのはきわめて珍しいことである。琉球の中山王家の家譜である『中山世譜』には1603年から3年間浄土宗の学僧である袋中上人《たいちゅうしょうにん》が琉球に滞在されたことが記されている。尚寧王《しょうねいおう》も袋中上人に帰依され、袋中上人のために那覇松山（那覇商業高の構内に記念碑がある）に**桂林寺**を建立されて、佛教布教を支援された。浄土宗は阿弥陀佛信仰であり、その影響もあったと考えられる。

（４）琉歌《りゅうか》・短歌（「琉歌」は琉球の短歌の意）

●いはまくらかたくもあらむやすらかにねむれとぞいのるまなびのともは

（仲宗根政善《なかそねせいぜん》、言語・国文学者）

（戦場に散り、岩を枕に無念のまま斃《たお》れた友よ　どうかやすらかに　眠ってくださいと祈りつづけます。私たち生き残った学友は）

※仲宗根政善氏は東京帝国大学を卒業し、沖縄県立師範学校女子部・県立第一高等女学校の教師となり、沖縄戦では引率教師として「ひめゆり」女学生と行動を共にする。戦後は琉球大学教授となる。

●基地すべて押しつけおかばおのが身は安泰《あんたい》なるか日本《ヤマト》の国は

（中村文子、元教師）

※中村文子《ふみこ》元教師は沖縄では「平和運動の母」として県民から慕われていた。「外地」での戦争体験者でもあり、引揚者でもあった。99歳の白寿でご逝去された。

中村文子先生の外地の日本人社会の中での沖縄にかかわる差別体験を読んだことがある。ごく普通の大和人（ヤマトゥンチュ、日本本土の人の意）の婦人の心底に潜む沖縄差別の体験である。東南アジアでの日米戦の中で、ある地域の日本人が多数亡くなった。多くは沖縄県出身者であった。その婦人は中村先生が沖縄出身であることを知らなかったので、戦死者の中で沖縄の人たちが多かったことが、その婦人が**「せめてもの救いだった」**という発言があったということである。沖縄の人たちへの**「同胞」意識は皆無であり、まさしく「異邦人」への無関心なひややかな対応や意識や差別である。**

沖縄はかって**琉球王国という独立国**であったので、**「自己の運命を決定する権利」**をもっと強力に主張すべきである。**沖縄では一県としての発想だけでなく、一国としての発想も常に必要である。**私は沖縄県は他の都道府県とは異なって、**「自治県」**にすべきだと考えている。

●生《あ》れし子の声のもるるを気付かひて生命《いのち》絶つとふ母心哀れ
岩穴にひそみてありし島の人火焔放射に生命《いのち》果つとふ
（『信州の四季』豊丹生《ぶにゅう》納里枝、東京都　小学校教諭）

●**花《ハナ》よ《ユ》おしげゆん《ウシャギユン》 人《フィトゥ》知らぬ《シラヌ》 魂《タマシイ》 戦《イクサ》ないらぬ《ネーラヌ》世《ユ》よ《ユ》肝《チム》に《ニ》願て《ニガティー》**（琉歌）
（花を捧げます、人知れぬ御霊に。戦のない世を心から願って）
（上皇陛下御製（1975年）、糸満市摩文仁《まぶに》、魂魄之塔《こんぱくのとう》）

※魂魄《こんぱく》之塔（県内各地に散在した数限りない無名の戦没者（国籍・国境を問わず）の一大合葬慰霊施設）。終戦直後は集落ごとに集落の人々が周囲に散在する遺骨を収集した合葬施設が県内に何百も設けられていた。小学生のころ、集落の山の中腹にあったブロックでできていた仮設の収骨所の中を見たことがある。白骨化した無数の骨がいっぱい集められていた。それほど多くのお骨が山野に散在していた。野や山野の茅《かや》や草が生い茂った所には必ず戦没者の遺体が埋まっていた。雨上がりの晩などには人が亡くなった場所から人魂《ひとだま》が火の玉のようになってゆっくり浮遊して移動し、やがて消えていく。小学生のころ、子どもたちは集まって高台からその人魂の火をよく見ていた。遺骨が収集される前の現象である。それが戦《いくさ》の終わったあとの沖縄の現実であった。

●沖縄の洋《わた》のまぼろしたたかひのなかりし時の碧《あお》のまぼろし

（釈迢空〈歌人〉＝折口信夫〈民俗学者〉）

●沖縄を思ふさびしさ白波の残波《ざんぱ》の岸のまざまざと見ゆ

●かくばかり世界全土にすさまじきいくさの果ては、誰が見るべき

●たゝかひに果てし我が子を　かへせとぞ　言ふべき時となりやしぬらむ

●たゝかひは永久《とわ》にやみぬと　たゝかひに亡《う》せし子に告げ　すべあらめあも

(5) 琉球・沖縄の翻弄《ほんろう》の略史

唐世《トーユー》(唐・明の皇帝に王位継承を報告承認)**↓大和世《ヤマトユー》**(1609年薩摩藩の3000の兵が琉球を侵略・支配、豊臣政権、江戸幕府、明治政府以降の支配)**↓戦世《イクサユー》**(苛酷な沖縄戦の時代)**↓アメリカ世《ユー》**(1945年から1972年までのアメリカの植民地的支配の時代)**↓大和世《ヤマトユー》**(1972年からの75%の米軍基地そのままの日本政府への施政権移行、そして、沖縄の苦の象徴である軍事基地が新たに沖縄の「聖域」である「清海《チユラウミ》」に沖縄の民意を悉く無視して日本政府によって「苦海」へと強行されている。)

(6) 海軍陸戦隊司令官・大田実少将の「遺言」

(1945年6月6日夜、海軍次官宛打電)

「本戦闘ノ末期ト沖縄島ハ実情形? 一木一草焼土ト化セン糧食六月一杯ヲ支フルノミト謂フ沖縄縣民斯ク戦ヘリ/縣民ニ対シ後世特別ノ御高配ヲ賜ランコトヲ」

※大田実少将が自決を前にしての貴重な「遺言」であったが、戦後の日本政府はこの遺言をことごとく無視し、黙殺した。

（7）沖縄の歴史的・精神的遺産

●命《ヌチ》どぅ宝＝Nuti du takara

戦世《イクサユ》も　すまち　弥勒世《ミルクユ》も　やがて　嘆くなよ　臣下　命《ヌチ》どぅ宝《タカラ》

（戦《いくさ》の世もおわり、弥勒の世（平和の世）もやがて訪れる、嘆くな臣下、命こそが宝だ）

※一般には、この琉歌は琉球王国最後の王・尚泰王《しょうたいおう》の作と伝えられているが、異説もある。いくさの中で、そして外力との闘いの中で培われ、定着し、活用され、精神的砦《とりで》となっている沖縄の歴史的・精神的遺産である。世界史的な価値と意義を持っている。ロシアのウクライナ侵略やイスラエルのガザでの大量虐殺を見ればよく解る。

●行逢《イチャリ》ば　兄弟《チョーデー》、何《ヌー》　隔《フィダ》てぃぬ　あが

（イチャリバチョーデー）（沖縄の伝承訓）

（行《ゆ》き逢《あ》えば兄弟《きょうだい》、何《なん》の隔《へだ》たりがあろうか）（後半が省略されて用いられることが多い）

※小国・琉球のそれぞれの共同体の中で、「出逢った人は皆兄弟」という感覚や意識が培われ、定着するようになったと考えられる。沖縄の共同体意識や帰属意識が強いのはそのためである。つまり、ファミリー感覚が強い地域である。兄弟のように心配する、家族のように心配する地

域である。

1948年ハワイの沖縄県人会から「繁殖用」豚550頭（メス500頭、オス50頭）がオーエン号という船で、「七人の勇士」と呼ばれた男たちが飼育・管理しながら、1か月かけて沖縄に届けられた。10万頭いた豚が戦禍によって、あるいは日本軍の食用にされたりして、殆どいなくなったからである。ハワイでは、「恵みの歌」というサンシン曲を作曲して、それをラジオから流して、豚の購入資金を募ったということである。豚のほかに山羊270頭や学用品なども送られてきた。

沖縄を古里にもつ人たちは、どこに住んでいても、「イチャリバチョーデー」精神が豊かであり、それが「**豚の恩がえし**」として発揮されたのである。

（8）伊波普猷《いはふゆう》（1876〜1947）

●深く掘れ、《フカクフリ》己の胸中の《ナドゥヌンニウチヌ》泉《イジュン》　余所たよて《ユスタユティ》水や《ミズィヤ》汲まぬごとに《クマヌグトゥニ》

（深く掘れ、自己の胸中の泉を、余所《よそ》に頼って水を汲んではならぬ）

※県立（旧制）尋常中学校で「英語科目廃止言明」に抗して児玉喜八校長の排斥ストライキを指導し、実現するが、本人も退学処分となる。旧制一高（東京）を受験したが失敗し、旧制三高

（京都）に合格し、その後東京帝国大学へ進学した。言語学、民俗学などを学ぶ。一年後輩の金田一京助らと親交を結ぶ。柳田国男、折口信夫らと交流する。生涯を沖縄研究に尽くし、**「沖縄学の父」**とよばれる。沖縄県立図書館初代館長。１９４７年没、享年72歳。

（9）詩・**「僧の琉球に帰るに贈る」**（部分）

（独菴玄光《どくあんげんこう》曹洞宗の学僧、１６９８年寂、世寿69歳、江戸時代）

聞説《きくなら》く　海上に琉球有りと　（海上はるかに琉球ありと聞く）

国《くに》　四隣《しりん》を絶《ぜつ》して滄瀛《そうえい》に浮ぶ　（王国は、まわりが海にかこまれた大海に浮かび）

注：「滄瀛」は大海、おおうなばらの意。

其の民　天性礼譲《てんせいれいじょう》に狥《したが》う　（王国の民は、生来礼儀正しく）

古《いにし》えより未《いま》だ聞かず　甲兵《こうへい》を用《もち》うることを　（いにしえよりいまだかって、戦もなく）

注：「甲兵」は武器、軍隊、戦争の意。

天地《てんち》　今日《こんにち》　澆薄《ぎょうはく》と雖《いえど》も　（今日、江戸の世の人々の情《じょう》薄くなれど）

注：「澆薄」は世が末となって、人情がきわめて薄くなっていること。

其の氓《たみ》は猶《な》お上皇《じょうこう》の氓《たみ》の如し　（琉球王国の民は、いま猶《なお》上皇（国王）の民の如し）

………（後略）………

（『江戸漢詩選第5巻　僧門』）

⑽ 詩・あたりまえ

井村和清（医師）

あたりまえ／こんなすばらしいことを、
みんなはなぜよろこばないのでしょう／あたりまえであることを
お父さんがいる／お母さんがいる
手が二本あって、足が二本ある
行きたいところへ自分で歩いてゆける
手をのばせばなんでもとれる
音がきこえて声がでる／こんなしあわせはあるでしょうか
しかし、だれもそれをよろこばない
あたりまえだ、と笑ってすます
食事がたべられる／夜になるとちゃんと眠れ、そして又朝がくる
空気をむねいっぱいにすえる
笑える、泣ける、叫ぶこともできる、走りまわれる
みんなあたりまえのこと　こんなすばらしいことを、
みんな決してよろこばない

そのありがたさを知っているのは、／それを失くした人たちだけ
なぜでしょう／あたりまえ
（昭和54年1月1日、新年の贈り物）

※井村氏は富山県のご出身であり、沖縄県立中部病院《ちゅうぶびょういん》や岸和田徳州会病院《とくしゅうかいびょういん》などで医療に従事された内科医であった。悪性の繊維肉腫《せんいにくしゅ》のため、31歳の若さで早世された。映画化もされた『飛鳥《あすか》へ、そしてまだ見ぬ子へ』（祥伝社刊、１９８０）は遺著である。ご家族は沖縄県に在住されている。

（11）短歌・**比嘉美智子**《ひがみちこ》（花ゆうな短歌会主宰、現代歌人協会・未来所属）

二十歳《はたち》になりて先ず得《え》し吾が権利基地化反対運動に堂堂《どうどう》と署名す
（『月桃《げっとう》のしろき花びら』）

丘陵のみ地肌を見せて低く続く貧しき島に基地は拡がる
ベトナムへ発《た》ちて人なき米軍兵舎夾竹桃《きょうちくとう》のみ芝生《しばふ》に映《は》えて
御岳《うたき》といふ祠《ほこら》に燻《くゆ》り満つるほどの女の祈りひねもすつづく
傷兵《しょうへい》の血の匂ひ満つる洞窟にひそみかくれしわが幼年期
手は舞ひぬ足は転びぬ収骨の遺体はなべて全きはなし
（『青き地球』）

ぼろぼろの遺書よ遺髪よ三十年経《え》て今母校に還《かえ》りつきたり
テント小屋《ごや》切り裂《さ》き入りし米兵の恐怖の夜よ半世紀経《え》し
疎開船《そかいせん》犇《ひしめ》き乗りて不気味なりらんらんとして生命守ると
潮鳴《しおな》りはわが子守歌　無限なる旋律のする故里の海
滾《たぎ》ちつつ潮花《しおばな》の咲く海原《うなばら》に祖国と隔《へだ》つる国境ありき
立つこともままならぬ壕《ごう》に黒髪を梳《す》かせる乙女らの遺品の小櫛《こぐし》
かくも朱《あか》く仏桑華《ぶっそうげ》咲けり基地の辺《へ》に憤怒《ふんぬ》に燃えて彩極《いろきわ》まるや
ニッポンの足指ほどの沖縄に戦争の枷《かせ》の基地のみ多し

（『一天四海』）

(12) 詩：川の水よ　太陽よ

沖縄県読谷村《よみたんそん》立読谷小学校5年　知花《ちばな》かおり

「わあ、冷たくて、気持ちいい」
がまの中を流れる水／この冷たさは　いつからだろう
何年の前から／わたしたちを　いやしてくれた
戦いの間も／同じように流れていたのか
きっと／この冷たい水音を　だれも聞かなかった

だれも川の水のかがやきに気づかなかった
川の水だって聞きたくなかった
いつも見守っていた人間の／ばくげきで流れる血の音なんて
鉄ぽうでうたれて苦しむ声なんて
でも　川の水は聞いてきた
「わあ、まぶしくて、あたたかい」
がまから出てながめた夏の太陽／このまぶしさは　いつからだろう
何年の前から／わたしたちを　てらしてくれた
戦争の間も／同じようにかがやいていたのか
きっと／太陽なんて　だれも見なかった
だれもこのまぶしさに気づかなかった
太陽だって見たくなかった
いつも見守っていた人間が／おたがいに殺し合うところなんて
弱い者をいためつけるところなんて
でも太陽は見て来た

川の水よ
今　争いにくるしんでいる所にながれ／冷たい水をのませてほしい
元気のない子に／ミルクがなくて泣いている子に
平和をのぞんでいる人達に
太陽よ
今　戦争をしている所にのぼれ／まぶしく照らしてあげてほしい
親をなくした子を／戦争から立ちなおろうとしている人達を
川の水よ／太陽よ
世界中の人に／約束させてほしい
もう　戦争はしないと／もう　人を殺さないと
未来に平和を　作ること

（資料提供：沖縄県平和祈念資料館）

※沖縄県（主管：沖縄県平和祈念資料館）は、毎年「慰霊の日」（6月23日）に向けて、小中高生の「平和へのメッセージ」（絵画、作文、詩）を募集しているが、この「川の水よ　太陽よ」は、2003（平成15）年度の小学生の「詩」部門で、505編の中から「最優秀」に選ばれた作品である。

『平成15年度　児童・生徒の平和メッセージ展　実施報告書』は沖縄県平和祈念資料館から提供されたものである。

（13）詩：未来に向かって

沖縄県立具志川《ぐしかわ》高等学校3年　名護《なご》　愛《ちか》

1945年8月15日／終戦の日
戦争という名の／悲劇から／57年経った
今日も／平和に向かって／時を刻む音がする
しかし／まだ／「戦争」は／終わってないのかもしれない
1972年5月15日／沖縄本土復帰の日
その日を前に／先生が／「平和」について／熱く語る
私は／「平和」について／真剣に考える
見たことのない戦争を／想像してみる
すると／真っ青に晴れた／雲一つない空に
米軍機の爆音が／響きわたる
先生の声は／爆音に消され

生徒の目は／音を睨む
戦争はまだ／「音」として／残っていた

米軍基地の前を／家路に向かう
フェンスを背に／暑い日差しを浴びながら
輝く笑顔で／子ども達が遊ぶ
フェンスの向こう側には／武装した軍人が／立っている
日差しに照らされ／汗だくの顔で
立っている／腕に持っている
銃は／誰に向けるのか
私の目は／銃を睨む
戦争はまだ／「武器」として／残っていた
五月晴れの午さがり／家族連れの人々
恋人同士／友達同士
人・人・人の／あふれる中で
「めぐまれない人へ」の／キャッチフレーズと共に

笑うことを忘れて／未来に怯えている少女の瞳が／私を見つめる
私の目は／過去を睨む
戦争はまだ／「傷跡」として／残っていた
6月23日／慰霊の日
祖父と祖母／そして私
正午をつげる鐘／摩文仁に向かって／合掌する
ふしくれた手／しわが刻まれた
その頬に／涙が／こぼれ落ちる
この年老いた目が／見つける先には／何があるのか
私も／見つめてみた
戦争はまだ／「悲鳴」として／残っていた

「爆音」が消え／「武器」が葬られ
「傷跡」は癒され／「悲鳴」は静寂と化す／その時
戦争という名の悲劇は／幕を閉じる

地球に生きる／人間／動物／自然が
互いの立場を／理解し／協調し合った
その瞬間／「平和」は／きっと生まれる

私は空を仰いだ／私は大きく息を吸った
私は遥か彼方を見つめた／私の未来を想像した
乾いた大地に／恵みの雨が降る
雨は上がり／空には／一筋の虹が見える
風が／大地をそぅとなでる
其の風は／エイサーの音色とともに／人々の心を癒し
広い海へ／広い世界へと／吹きわたり
平和の意義を／響かせてゆく

（資料提供：沖縄県平和祈念資料館）

※沖縄県（主管：沖縄県平和祈念資料館）では、毎年「慰霊《いれい》の日」（6月23日）に向けて、小中高生の「平和へのメッセージ」（絵画・作文・詩）を募集して、冊子にしているが、この名護《なご》愛《ちか》さんの詩は、平成14年度の高校の部の「詩」部門で、３０７篇の中から「最優秀」に選ばれ

た作品である。

『平成14年度　児童・生徒の平和メッセージ展　実施報告書』は沖縄県平和祈念資料館から提供されたものである。

★〈付録〉時空を飛翔する翼―ブックリスト

京都文教短期大学名誉教授・照屋敏勝（幼児教育学）

（A、幼児）

〈ゼロ歳〉『いないいないばあ』（童心社）　（2）『しろくまちゃんのほっとけーき』（こぐま社）

（3）『ねないこだれだ』（福音館）　（4）『じゃあじゃあびりびり』（偕成社）

（5）『おふろでちゃぷちゃぷ』（童心社）　（6）『ごあいさつあそび』（偕成社）

（7）『がたんごとんがたんごとん』（福音館）　（8）『だるまさんが』（ブロンズ新社）

（9）『おつきさんこんばんは』（福音館）　（10）『たまごのあかちゃん』（福音館）

（11）『いないいないばああそび』（偕成社）　（12）『もうねんね』（童心社）

（13）『いいおかお』（童心社）　（14）『あーんあん』（福音館）

（15）『ぴょーん』（ポプラ社）　（16）『どうぶつのこどもたち』（福音館）

〈1歳〉『うさこちゃんとどうぶつえん』（福音館）（18）『もこもこもこ』（文研出版）
（19）『いやだいやだ』（福音館）（20）『ノンタンおしっこしーしー』（偕成社）
（21）『わにわにのおふろ』（福音館）（22）『たべたのだあれ』（文化出版局）
（23）『はんぶんこ』（講談社）（24）『ひとりでうんちできるかな』（偕成社）
（25）『どうぶつのおやこ』（福音館）（26）『もしもしおでんわ』（童心社）
（27）『ぞうさん』（岩崎書店）（28）『にゃんにゃんわん！』（岩崎書店）
（29）『ごぶごぶごぼごぼ』（福音館）（30）『ちいさなうさこちゃん』（福音館）
（31）『お？かお！』（ほるぷ出版）（32）『どうぶついろいろかくれんぼ』（ポプラ社）

〈2歳〉『かばくん』（福音館）（34）『きんぎょがにげた』（福音館）
（35）『うずらちゃんのかくれんぼ』（福音館）（36）『どんどこももんちゃん』（童心社）
（37）『ぞうくんのさんぽ』（福音館）（38）『14ひきのあさごはん』（童心社）
（39）『おふろだいすき』（福音館）（40）『もりのなか』（福音館）
（41）『こいぬのうんち』（平凡社）（42）『とこちゃんはどこ』（福音館）
（43）『どうすればいいのかな』（福音館）（44）『もけらもけら』（福音館）
（45）『おやおやおやさい』（福音館）（46）『だいすきぎゅっぎゅっ』（岩崎書店）

（47）『でんしゃがきました』（童心社）
（48）『ねずみくんのチョッキ』（ポプラ社）

〈3歳〉
（50）『ぐりとぐら』（福音館）
（51）『てぶくろ』（福音館）
（52）『おおきなおおきなおいも』（福音館）
（53）『そらいろのたね』（福音館）
（54）『おおきなかぶ』（福音館）
（55）『わたしのワンピース』（こぐま社）
（56）『はけたよはけたよ』（偕成社）
（57）『100かいだてのいえ』（偕成社）
（58）『おばけのバーバパパ』（偕成社）
（59）『すてきな三にんぐみ』（偕成社）
（60）『はなをくんくん』（福音館）
（61）『ちょっとだけ』（福音館）
（62）『くれよんのくろくん』（童心社）
（63）『ノンタンぶらんこのせて』（偕成社）
（64）『はらぺこあおむし』（偕成社）

〈4歳〉
（66）『かわいそうなぞう』（金の星社）
（67）『おおかみと七ひきのこやぎ』（福音館）
（68）『しずくのぼうけん』（福音館）
（69）『三びきのやぎのがらがらどん』（福音館）
（70）『どろんこハリー』（福音館）
（71）『はじめてのおるすばん』（岩崎書店）
（72）『からすのパンやさん』（偕成社）
（73）『スーホーの白い馬』（福音館）
（74）『ぐるんぱのようちえん』（福音館）

(75)『しょうぼうじどうしゃじぷた』(福音館)　(76)『みんなうんち』(福音館)
(77)『花さき山』(福音館)　(78)『おしゃべりなたまごやき』(福音館)
(79)『こんとあき』(福音館)　(80)『かいじゅうたちのいるところ』(冨山房)
(81)『ウォーリーをさがせ』(フレーベル館)　(82)『ひとまねこざる』(岩波書店)
〈**5歳**〉『モチモチの木』(岩崎書店)　(84)『わすれられないおくりもの』(評論社)
(85)『ももたろう』(福音館)　(86)『山になった巨人―白頭山ものがたり』(福音館)
(87)『11ぴきのねこ』(こぐま社)　(88)『ちいさいおうち』(岩波書店)
(89)『１００万回生きたねこ』(福音館)　(90)『ダンプえんちょうやっつけた』(童心社)
(91)『おしいれのぼうけん』(童心社)　(92)『ずーっとずっとだいすきだよ』(評論社)
(93)『龍の子太郎』(講談社)　(94)『うえへまいります』(ＰＨＰ研究所)
(95)『だいじょぶだいじょうぶ』(講談社)　(96)『フレデリック』(好学社)
(97)『スイミー』(好学社)　(98)『めっきらもっきらどおんどん』(福音館)
(99)『しろいうさぎとくろいうさぎ』(福音館)　(１００)『きかんしゃやえもん』(岩波書店)

★（B、小学校）

〈小1〉『いやいやえん』（福音館）

（2）『一つの花』（ポプラ社）

（3）『しんせつなともだち』（福音館）

（4）『1ねん1くみIばんワル』（ポプラ社）

（5）『こすずめのぼうけん』（福音館）

（6）『ぞうのババール』（評論社）

（7）『かにむかし』（岩波書店）

（8）『おこりじぞう』（新日本出版社）

（9）『だってだってのおばあさん』（講談社）

（10）『ふしぎなたけのこ』（福音館）

（11）『王さまと九人きょうだい』（岩波書店）

（12）『手ぶくろを買いに』（偕成社）

〈小2〉『おおきくなりすぎたくま』（ほるぷ出版）

（14）『アンジュール』（ポプラ社）

（15）『よわむしなおばけ』（旺文社）

（16）『さっちゃんのまほうのて』（偕成社）

（17）『ぶたぶたくんのおかいもの』（福音館）

（18）『ごきげんなすてご』（徳間書店）

（19）『さんまいのおふだ』（福音館）

（20）『チロヌップのきつね』（金の星社）

（21）『ラチとらいおん』（福音館）

（22）『ぼくは王さま全集』（理論社）

（23）『げんきなマドレーヌ』（福音館）

（24）『としょかんライオン』（岩崎書店）

〈小3〉『半日村』（岩崎書店）　(26)『ごんぎつね』（偕成社）
(27)『マヤの一生』（ポプラ社）　(28)『子どもに語る日本の昔話』（こぐま社）
(29)『チョコレート工場の秘密』（評論社）　(30)『幸福の王子』（新潮社）
(31)『かたあしだちょうのエルフ』（ポプラ社）　(32)『くまのパディントン』（福音館）
(33)『はれときどきぶた』（岩崎書店）　(34)『エリカ　奇跡のいのち』（講談社）
(35)『西風号の遭難』（河出書房新社）　(36)『エルマーのぼうけん』（ポプラ社）

〈小4〉『ロビンソン・クルーソー』（福音館）　(38)『だれも知らない小さな国』（講談社）
(39)『ちからたろう』（ポプラ社）　(40)『ぼくはくまのままでいたかったのに…』（ほるぷ出版）
(41)『ウエズレーの国』（あすなろ書房）　(42)『ウミガメと少年』（講談社）
(43)『グリム童話集』（岩波書店）　(44)『エーミールと探偵たち』（岩波書店）
(45)『四十一番の少年』（文春文庫）　(46)『ライオンと魔女』（岩波書店）
(47)『十五少年漂流記』（ポプラ社）　(48)『地図にない島へ』（農文協）

〈小5〉『オオカミ王ロボ』（童心社）　(50)『トムは真夜中の庭で』（岩波書店）

(51)『冒険者たち　ガンバと十五ひきの仲間』(国土社)　(52)『ぼくのお姉さん』(偕成社)
(53)『霧のむこうのふしぎな町』(講談社)　(54)『最悪のはじまり』(草思社)
(55)『おかあさんの木』(ポプラ社)　(56)『四万十川』(河出書房新社)
(57)『世界のむかしばなし』(のら書店)　(58)『秘密の花園』(偕成社文庫)
(59)『セロ弾きのゴーシュ』(福音館)　(60)『タイムマシン』(講談社青い鳥文庫)
(61)『不思議な国のアリス』(福音館)　(62)『ガリヴァー旅行記』(岩波書店)
(63)『わたしたちのトビアス』(偕成社)　(64)『肥後《ひご》の石工《いしく》』(岩波書店)

〈小6〉『大造じいさんとガン』(偕成社)　(66)『ホビットの冒険』(岩波書店)
(67)『火垂《ほた》るの墓』(ポプラ社)　(68)『あのころはフリードリヒがいた』(岩波書店)
(69)『グローディアの秘密』(岩波書店)　(70)『モモ』(岩波書店)
(71)『トム・ソーヤーの冒険』(岩波書店)　(72)『ハンナのかばん』(ポプラ社)
(73)『科学者の目』(童心社)　(74)『アイヌ　ネノアン　アイヌ』(福音館)
(75)『最後の授業』(ポプラ社)　(76)『大仏建立物語』(小峰書店)
(77)『南総里見八犬伝』(偕成社)　(78)『せいめいのれきし』(岩波書店)
(79)『飛ぶ教室』(岩波書店)　(80)『西遊記』(上下)(福音館)

★(C、中学校・高校)

〈中1〉『アンデルセン童話集』(岩波書店)　(2)『小川未明童話集』(岩波文庫)

(3)『星の王子さま』(岩波少年文庫)　(4)『蜘蛛の糸・杜子春ほか』(岩波文庫)

(5)『小泉八雲名作選集』(講談社)　(6)『天山の巫女ソニン』(講談社)

(7)『山椒大夫・阿部一族』(岩波文庫)　(8)『対馬丸』(大城立裕、理論社)

(9)『新美南吉童話集』(岩波文庫)　(10)『椋鳩十動物童話集』(小峰書店)

(11)『ファーブル昆虫記』(集英社)　(12)『山芋』(大関松三郎、百合出版)

(13)『兎の眼』(角川つばさ文庫)　(14)『いしぶみ』(ポプラ社)

(15)『お母さんぼくが生まれてごめんなさい』(旺文社)　(16)『夏の庭』(新潮文庫)

〈中2〉『注文の多い料理店』(新潮文庫)　(18)『アンネの日記』(文藝春秋)

(19)『河童・鼻・羅生門』(岩波文庫)　(20)『シェイクスピア物語』(岩波書店)

(21)『沈黙』(新潮文庫)　(22)『二十四の瞳』(講談社青い鳥文庫)

(23)『ガラスのうさぎ』(金の星社)　(24)『イオマンテ』(パロル舎)

(25)『ソルハ』(あかね書房)　(26)『君たちはどう生きるか』(岩波文庫)

（27）『コルチャック先生』（岩波書店）　（28）『ソロモンの指輪』（早川書房）
（29）『走れメロス・山椒魚』（講談社）　（30）『世界がもし100人の村だったら』（マガジン）
（31）『私の少年時代』（金達寿、ポプラ社）　（32）『ぼくは勉強ができない』（新潮文庫）

〈中3〉（33）『アルジャーノンに花束を』（早川書房）　（34）『橋のない川』（新潮社）
（35）『イクバルの闘い』（鈴木出版）　（36）『山月記・李陵』（岩波文庫）
（37）『宇宙への秘密の鍵』（岩崎書店）　（38）『レ・ミゼラブル』（岩波）
（39）『生きることを学んだ本』（筑摩書房）　（40）『半分のふるさと』（福音館）
（41）『ダーウィンと出会った夏』（ほるぷ出版）　（42）『銀河鉄道の夜』（岩波文庫）
（43）『それでも地球はまわる』（学習研究社）　（44）『中谷宇吉郎随筆集』（岩波文庫）
（45）『太陽の子』（角川文庫）　（46）『科学の考え方・学び方』（岩波書店）
（47）『14歳からの哲学』（トランスビュー）　（48）『車輪の下』（偕成社）

〈高1〉『風立ちぬ・美しい村』（岩波文庫）　（50）『日本史・世界史同時代比較年表』（朝日新聞社）

(51)『世界を見る目が変わる50の事実』(草思社)
(52)『荒野の呼び声』(岩波文庫)
(53)『果てなき旅』(上下　福音館)
(54)『日本語の作文技術』(朝日文庫)
(55)『高瀬舟・最後の一句』(岩波文庫)
(56)『夜明け前・破戒』(岩波文庫)
(57)『人類が生まれるための12の偶然』(岩波)
(58)『三四郎・坊ちゃん』(岩波文庫)
(59)『生きることの意味』(ちくま文庫)
(60)『たたかいの人　田中正造』(偕成社)
(61)『じぶん　この不思議な存在』(講談社)
(62)『心理学から学習をみなおす』(岩波書店)
(63)『オー・ヘンリー傑作選』(岩波文庫)
(64)『わたしの生涯』(角川書店)

〈高2〉
『大義の末』(角川文庫)
(66)『〈できること〉の見つけ方』(岩波書店)
(67)『人間失格・津軽』(新潮文庫)
(68)『こころの手足』(春秋社)
(69)『潮騒・金閣寺』(新潮文庫)
(70)『恩讐の彼方に』(岩波文庫)
(71)『沈黙の春』(新潮文庫)
(72)『いのちの初夜』(角川文庫)
(73)『ハックルベリイ・フィンの冒険』(新潮文庫)
(74)『銀の匙』(岩波文庫)
(75)『銀河の世界』(岩波文庫)
(76)『黒い雨』(井伏鱒二、新潮文庫)
(77)『種の起源』(岩波文庫)
(78)『零の発見』(吉田洋一、岩波新書)

(79)『変身』(カフカ、新潮文庫)　(80)『日本美術を見る眼』(岩波書店)

〈高3〉『菊と刀』(講談社)　(82)『旅人』(湯川秀樹、角川文庫)

(83)『ご冗談でしょう・ファインマンさん』(岩波)　(84)『大和古寺風物誌』(新潮文庫)

(85)『ソロモンの指輪』(早川書房)　(86)『ゾウの時間ネズミの時間』(中公)

(87)『こころの処方箋』(新潮社)　(88)『夜と霧』(池田香代子、みすず書房)

(89)『17歳のための世界と日本の見方』(春秋社)　(90)『10人の聖なる人々』(学習研究社)

(91)『沖縄ノート』(大江健三郎、岩波新書)　(92)『星界の報告』(岩波文庫)

(93)『こころ・行人・門』(岩波文庫)　(94)『母と子のナチ強制収容所』(青木書店)

(95)『セメント樽の中の手紙』(角川文庫)　(96)『脳の手帳』(講談社)

★(D、学生・一般)

(1)『新版きけ　わだつみのこえ』(岩波文庫)　(2)『ブッダの詩《ことば》』(NHK出版)

(3)『アイデンティティと共生の哲学』(筑摩)　(4)『大陸と海洋の起源―大陸移動説』(岩波)

(5)『寺田寅彦随筆集』(岩波文庫)(6)『現代を読む100冊のノンフィクション』(岩波)
(7)『古寺巡禮/風土』(岩波書店)(8)『日本美の再発見』(岩波新書)
(9)『子どもの涙―ある在日朝鮮人の読書遍歴』(小学館文庫)
(10)『イスラーム文化』(岩波書店)(11)『生物から見た世界』(岩波文庫)
(12)『日本人はどこから来たか』(講談社)(13)『帰化人』(上田正昭、中公新書)
(14)『アイヌ文化の基礎知識』(草風館)(15)『日本の心』(小泉八雲、講談社)
(16)『忘れられた日本人』(岩波文庫)(17)『日本奥地紀行』(平凡社)
(18)『日本の歴史をよみなおす』(筑摩)(19)『外国語上達法』(岩波新書)
(20)『常用字解』(白川静、平凡社)(21)『茶の本』(岡倉天心、岩波文庫)
(22)『貧乏物語』(岩波文庫)(23)『徹底検証 昭和天皇「独白録」』(大月書店)
(24)『海上の道』(柳田国男、岩波文庫)(25)『方法序説』(デカルト、岩波文庫)
(26)『ヴァイツゼッカー』(清水書院)(27)『ヨーロッパ文化と日本文化』(岩波)
(28)『生きがいについて』(みすず書房)(29)『海も暮れきる』(講談社文庫)
(30)『世界と闘う「読書術」』(集英社)(31)『人生を変える読書』(廣済堂新書)
(32)『沖縄の自立と日本』(岩波書店)(33)『犠牲のシステム 福島・沖縄』(集英社)

（34）『沖縄学への道』（岩波現代文庫）（35）『沖縄の米軍基地―県外移設を考える』（集英）
（36）『自由と国家　いま「憲法」のもつ意味』（岩波）（37）『沖縄戦記録』（新人物往来社）
（38）『奇想の図譜』（ちくま学芸文庫）（39）『日本の思想／現代政治の思想と行動』（岩波）
（40）『論語―現代にいきる中国の知恵』（講談社）（41）『宗教弾圧を語る』（岩波新書）
（42）『太平洋戦争とは何だったのか』（草思社）（43）『敗北を抱きしめて』（岩波書店）
（44）『失敗の本質―日本軍の組織論的研究』（中公）（45）『日本軍政下のアジア』（岩波新書）
（46）『ヒロシマノート』（岩波新書）（47）『近きより』（正木ひろし、現代教養文庫）
（48）『教養としての宗教入門』（中公新書）（49）『戦争責任』（家永三郎、岩波現代文庫）
（50）『敗戦後論』（加藤典洋、講談社）（51）『20世紀全記録』（講談社）
（52）『パワーズオブテン』（日経サイエンス）（53）『日本人の美意識』（中央公論社）
（54）『苦海浄土』（石牟礼道子、講談社）（55）『子どもの脳を傷つける親たち』（ＮＨＫ出版）
（56）『井上剣花坊・鶴彬』（リブロポート）（57）『終わりなき旅』（岩波書店）
（58）『銀のしずく』（北海道新聞社）（59）『極光のかげに』（岩波文庫）
（60）『ユング自伝』（みすず書房）（61）『知的複眼的思考法』（講談社）

(62)『歩々清風　科学する茶禅の人』(禅文研)　(63)『幸福論』(ラッセル、岩波文庫)
(64)『ホーキング、宇宙を語る』(早川書房)　(65)『人間臨終図巻』(徳間書店)
(66)『やさしさの精神病理／豊かさの精神病理』(大平健、両書とも岩波新書)
(67)『人新世の「資本論」』(集英社新書)　(68)『ケーベル博士随筆集』(岩波文庫)
(69)『インディアスの破壊についての簡潔な報告』(岩波)
(70)『「非まじめ」思考法』(講談)　(71)『図説　人類の進化』(平凡社)
(72)『被差別部落一千年史』(岩波文庫)　(73)『SHOAH　ショア』(作品社)
(74)『人間を幸福にしない日本というシステム』(毎日新聞)
(75)『教師花伝書』(佐藤　学、小学館)　(76)『戦争をよむ70冊の案内』(岩波新書)
(77)『晩年に想う』(日本評論社)　(78)『クラシック音楽作品名辞典』(三省堂)
(79)『犯罪被害者の心の傷』(白水社)　(80)『神を待ちのぞむ』(ヴェイユ、勁草書房)
(81)『一九八四年』(ハヤカワ文庫)　(82)『中国古典名言事典』(講談社)
(83)『マックス・ウェーバー入門』(岩波新書)　(84)『風月無尽』(東京大学出版会)
(85)『芽むしり仔撃ち』(新潮文庫)　(86)『ドラッカー365の金言』(ダイヤモンド社)
(87)『AI奇想曲』(NTT出版)　(88)『競争の戦略／日本の競争戦略』(ダイヤモンド)
(89)『不平等の再検討』(岩波書店)　(90)『美の思索家たち』(高階秀爾、青土社)

(91)『歎異抄』(岩波文庫)
(93)『ブッダのことば』(岩波文庫)
(95)『コーラン』(岩波文庫)
(97)『ゲーテとの対話』(岩波文庫)
(99)『ドイツ・イデオロギー』(岩波文庫)

(92)『正法眼蔵随聞記』(岩波文庫)
(94)『聖書』(新共同訳、日本聖書協会)
(96)『バガヴァッド・ギーター』(岩波文庫)
(98)『米欧回覧実記』(岩波文庫)
(100)『禅と日本文化』(大拙、岩波新書)

あとがき

この小編を京都・檀王法林寺《だんのうほうりんじ》　故信ケ原良文師《しがはらりょうぶんし》、だん王《のう》保育園名誉園長　故信ケ原千恵子ご夫妻に捧げます。前著もそうさせてもらった。私にとってご夫妻との出会いは人生最大のご縁であり、ご夫妻は人生の大恩人である。京都に移ってからの諸縁の源であった。

檀王法林寺は京都三条大橋に近接する古刹《こさつ》である。開基《かいき》の袋中《たいちゅう》上人《しょうにん》は新しい仏教経典を求めて渡明《とみん》をこころみたが果たせず琉球に至り、1603年から3年間、仏教の布教《ふきょう》活動をされた。琉球國王の尚寧王《しょうねいおう》も袋中《たいちゅう》上人《しょうにん》に帰依《きえ》されて、那覇松山に桂林寺《けいりんじ》というお寺を建立《こんりゅう》され、袋中《たいちゅう》上人《しょうにん》を招請《しょうせい》された。上人《しょうにん》の帰国に際しては國王から三十余点の宝物が贈与された。

その宝物《ほうもつ》は現在、京都国立博物館に寄託《きたく》されている。袋中《たいちゅう》上人《しょうにん》三百五十年遠忌《おんき》にあたる1988年には京都国立博物館で「特別陳列　袋中上人と檀王法林寺」展が開かれた。このとき私もはじめてその宝物《ほうもつ》を拝見した。

私は「琉球政府」と「沖縄社会福祉協議会」から公費選抜奨学生として、日本社会事業大学社会福祉学部に派遣された。

大学を卒業して沖縄へ帰り、「琉球政府」の要請で琉球政府立教護院《きょうごいん》＝実務学園（児童自立支援施設）に就職した。非行少年たちとの2年間の寮生活を通して、幼児教育の重要性を痛感し、次第に修学意欲がたかまり、職《しょく》を辞《じ》して再び上京した。早稲田大学に学士入学して、第二文学部（夜間課程）で「教育学専修」を専攻する。中野区野方で午前3時からの牛乳配達をしながらの2年間の学生生活であったが、大学院への進学を予定していたので、学びの愉《たの》しさは格別だった。

大学院の文学研究科（教育学専攻）に進み、幼児教育を研究課題にした。大学院では日本育英会の奨学金と大浜奨学金（早大総長の大浜信泉《のぶもと》氏の個人奨学金。大浜氏は沖縄県の八重山のご出身であり、全国の大学院に在学する沖縄県出身の院生の中から毎年2名選抜して大学院修了まで奨学金（給費）が恵与された）を受けることができたので、アルバイトの必要性はなくなり、修学の上で大変ありがたい恩恵となった。

博士課程を修了したころに沖縄キリスト教短期大学の保育科長（日本社会事業大学の先輩）から教員の公募書類が送られてきた。保育科長は教員募集で母校を訪問して、学長の仲村優一《ゆういち》先生に相談したら、「早稲田の大学院に照屋君がいるから手紙をだしてみたら？」と言われたというので、私のところに応募してほしいという依頼と応募書類が送られてき

あったが、沖縄への恩返しが不十分だと思ったので、沖縄の方に応募した。
自分は東京に戻るので、後を引き受けてほしいという手紙が来ていたので、若干の迷いも
た。保育科の教員募集要項であった。そのころ、鹿児島の大学にいた大学院の先輩から、

保育科に10年間在職している間に佛教に強い関心を持つようになり、具体的な行動を考えるようになった。佛教にいつのまにかつかまえられた感じであった。佛教の「本山都市」である京都で佛教を学びたいと思ったので、大学を辞して家族で京都に移った。佛教大学にお願いしたら、大学教員ということで佛大の「研究員制度」が適用されて、大学院、学部、佛大「四条センター」での聴講がすべて無料という恩恵を受けることができた。「四条センター」は市民への「生涯学習センター」だったので、関心のあるいろんな講座を受講することができた。大変ありがたいことであった。おかげさまで、各分野の著名な先生方の講義を拝聴することができた。人間の縁というものは思わぬところで出合うものである。佛教は「縁の宗教」であり、「縁」というものは人間の開発《かいほつ》の源泉となる。

ここに収集された言葉はすべて素材である。私は佛教の研究者ではないので、私にできることは素材や資料の提供である。

今回の名語集めを通して私が強く感じたことは、多くの無念さであった。黒人奴隷、ア

イヌ、被差別部落、在日韓国・朝鮮人、沖縄、広島・長崎、戦没者遺族、学徒兵、戦没幼児・児童・生徒、中国残留「孤児」、などの無念さと深い悲しみであった。戦争と差別と抑圧による苦である。それは過去だけでなく現在も続いている。すべてが現象として見えるわけではないが、痛みや悲しみの流れはずっと社会の底流となって続いている。私たちがそれに気づかないだけである。

ここに引用・参照させて頂いたすべての文献・資料・経典、そして著者・編者の皆さまに心からの御礼と感謝を申し上げる。

著作権使用許諾に関しても、沖縄県平和祈念資料館をはじめ、お願いしたすべての方々からご承諾を頂くことができた。心より感謝と御礼を申し上げます。合掌

この本の出版を文理閣の黒川美富子代表にお願いしましたところご快諾をいただき、安堵とともに心からの深い感謝を申し上げたい。

黒川代表からお電話をいただいた時に29歳の創業時からのお話を伺い、持続力と精神濃度の高さを強く感じた。ご縁に感謝申し上げたい。合掌

２０２３年秋　京都・男山指月にて

参照・引用文献（発行年順）

（1）『和漢名士參禪集』忽滑谷天　丙午出版社　1917
（2）『歎異抄』金子大榮校注　岩波文庫　1931
（3）『仏家名言辞典』金岡秀友　東京堂出版　1951
（4）『パンセ（冥想録）』（上下）パスカル　津田　穣訳　新潮社　1952
（5）『わだつみのこえ』岩波文庫　1960
（6）『東西名言辞典』有原末吉編　東京堂出版　1969
（7）『高校生のための古典副読本　沖縄の文学』沖縄県高等学校教職員組合編　沖縄時事出版　1970
『人生の知恵　日本人の言葉』安川定男他編　弥生書房
（8）『定本　種田山頭火句集』大山澄太編　彌生書房　1971
『仏家名言辞典』金岡秀友編　東京堂出版
『こころの手足』中村久子　春秋社
『思想の花びら』亀井勝一郎　大和書房
（9）『おもろさうし』外間守善《ほかましゅぜん》・西郷信綱　岩波書店　1972

(10)『文明化した人間の八つの大罪』ローレンツ　日高敏隆・大羽更明訳　1973
(11)『法句経入門』松原泰道　祥伝社　1974
『遺愛集』島　秋人　東京美術
(12)『光に聞く108章』(上下)小桜秀謙　東本願寺　1975
『伊波普猷』(外間守善編)／『金田一京助』(藤本英夫編)講談社
『法句経』友松圓諦訳　講談社
(13)『慈雲尊者和歌集』木南卓一編　三密堂書店　1976
(14)『新約聖書』(共同訳)日本聖書協会　1978
『アイヌ神謡集』知里幸恵編訳　岩波文庫
(15)『中国古典名言事典』諸橋轍次　講談社　1979
『古寺巡礼』和辻哲郎　岩波文庫
『昭和万葉集』講談社
『人生語録』(上下)安田正暉
(16)『仏教和歌撰集』本多克英編　百華苑　1980
『仙厓百話』石村善右　文献出版
『茶の湯名言集』筒井紘一　淡交社
(17)『中国故事名言辞典』加藤常賢・水上静雄　角川書店　1981

『画談』足立美術館
⒅『中国故事成語辞典』加藤常賢・水上静夫　角川書店　1982
『仏教故事名言辞典』須藤隆仙　新人物往来社
『ヘレン・ケラー自伝』川西　進訳　ぶどう社
『花びらの一片　中村久子の世界』三島多聞　真蓮寺（高山市）
⒆『心にしみる名僧名言逸話集』松原哲明監修　講談社　1983
⒇『布教名言大事典』名著出版　1984
㉑『法華経』金森天章訳　東方出版　1985
『空やさし』安部富士男句集　日立印刷　安部幼稚園発行
㉒『仏教経典の世界総解説』自由国民社　1986
『名僧のことば』菊村紀彦　河出書房新社
『一日一句　真理のことば』由木義文　大蔵出版
『一日一訓』佐々克明＋CAD研究会　PHP研究所
㉓『伝道大事典』国書刊行会　1987
『生きて再び逢ふ日のありや』高崎隆治撰　梨の木舎
『座右の仏教名言』由木義文　講談社
㉔『聖書』新共同訳　日本聖書協会　1987〜1988

『仏教名言辞典』奈良康明編著　東京書籍
『日本名言名句の事典』小学館
『日本名句辞典』鈴木一雄・外山滋比古編　大修館
『白隠禅師「夜船閑話」に学ぶ丹田呼吸法』村木弘昌　三笠書房
『ドストエフスキーのおもしろさ』中村健之介　岩波ジュニア新書
(25)『心をひらく言葉』共同通信社編・発行　1989
『ラ・ロシュフコー箴言集』岩波文庫
『岩波　仏教辞典』中村　元ほか編　岩波書店
『ことばの事典』日置昌一・英剛編著　講談社
『名言事典』新版　梶山健　明治書院
(26)『道元禅師語録』鏡島元隆　講談社　1990
『幼児から何を学ぶべきか』照屋敏勝　新読書社
『昭和は愛し「昭和萬葉集」秀歌鑑賞』小野沢　実　講談社
『こころを蘇らせ、指針を与える名言集』高木幹太　日本能率協会
(27)『名言名句の辞典』三省堂　1991
『歎異抄』金子大栄校注　ワイド版岩波文庫
『風姿花伝』世阿弥著　野上豊一郎・西尾実校訂

『日本人名事典』三省堂編修所 監修 上田正昭・永原慶二・藤原彰ほか
『フランス名句辞典』田辺 保編 大修館書店
(28)『深き流れのように ほとけの心を識る』太田久紀 毎日新聞社 1992
『心に響く名言辞典』国書刊行会
『贈ることば365日』西岡光秋 日本法令
『心に残る仏教のことば』飛鳥居昌乗 法蔵館
『心にのこる言葉』1・2 小野寺 健 河出書房新社
『沖縄の名言』解説・伊良波長傑 郷土出版
『日本帝国憲法(五日市憲法草案条文)注解』坂本昇 桐書房
(29)『心にしみる名僧名言逸話集』松原哲明 講談社 1993
『英語名言集』加島祥造 岩波ジュニア新書
『心にのこる子どもの本120選』日本書店商業組合連合会
(30)『日本人の言葉』安川定男ほか編 彌生書房 1994
『真宗再興の人』蓮如上人の生涯と教え 東本願寺
『アンネの日記』アンネ・フランク 深町眞理子 文藝春秋
『近代日本の百冊を選ぶ』講談社
(31)『代表的日本人』内村鑑三 岩波文庫 1995

『全英訳　石川啄木歌集』須賀照雄　中教出版
『日本秀歌秀句の辞典』小学館
『沖縄古語大辞典』沖縄古語大辞典編集委員会編　角川書店
『新版きけわだつみのこえ』日本戦没学生記念会編　岩波文庫
『仏教　百の言葉　百の教え』由木義文　世界聖典刊行協会
『浄土宗名句辞典』藤村義彰　国書刊行会
『絵本・子どもの本総解説』赤木かん子著　自由国民社

（32）
『江戸漢詩選　僧門』第5巻　岩波書店　1996
『道元禅師のことば』小倉玄照編著　国書刊行会
『百僧百言　心豊かに人生を送る智慧』金岡秀友　実務教育出版
『センス・オブ・ワンダー』Rachel Carson　上遠恵子訳　新潮社
『沖縄　苦難の現代史』沖縄県編　岩波書店
『人類知抄　百家言』中村雄二郎　朝日新聞社
『はじめに言葉あり110人の断章』笠原芳光　春秋社

（33）
『黄金《くがに》言葉200篇』仲村優子編著琉球新報社　1997
『人生をたのしむ才能』河盛好蔵　海竜社
『あなたに贈る希望の言葉』バーバラ・ミロ・オーバック　PHP

『世界の名言名文句事典』故事ことわざ研究会編　昭和出版社
(34)『生老病死　いのちの歌』立川昭二　新潮社　１９９８
『戦後沖縄のキーワード「基地の島」の成り立ちと今』松田米雄編　ゆい
(35)『生と死の歳時記』瀬戸内寂聴・齊藤愼爾　法研　１９９９
『心の杖ことば３６６日』(上下)　松原泰道　海龍社
『心に刻む20世紀の名言』伊藤章雄・郷仙太郎共編　ぎょうせい
『仏教伝導名言名句活用大事典』四季社
『岩波　日本史辞典』監修永原慶二　編集石上英一ほか
『14歳と17歳のBookガイド』河合塾
(36)『平和万葉集』刊行委員会　リベルタ出版　２０００
『マザー・テレサ　最後の愛の言葉』鳥居千代香訳　明石書房
『佛教詩歌　法話活用大事典』濱田泰三／松原哲明／大河内昭爾監修
『子どもに贈りたい１２０の言葉』佐々木勝男編著　民衆社
『20世紀名言集』(大経営者篇)　A級大企業研究所　情報センター
『21世紀の必読書１００選』星雲社
『年齢別よみきかせ絵本ガイド１１６』ポプラ社
(37)『こころを養う賢者の言葉』木原武一　海竜社　２００１

『大地より出づる愛―本当に悪い子なんて一人もいない
―だん王保育園園長・信ケ原千恵子先生〝いのちのうた〟』葛岡達司編
(38)『世界名言集』岩波文庫編集部編　岩波書店　2002
『はじめて学ぶ日本近代史』上・下　大日方純夫　大月書店
(39)『ブッダの泉　心にひびく50の聖句』高瀬広居　展望社　2003
『愛―マザー・テレサ　日本人へのメッセージ』女子パウロ会編
『日々是好日』大原健士郎　白揚社
(40)『実用聖書名言録』賀来周一　キリスト新聞社　2004
『聖書名言辞典』荒井献・池田裕編著　講談社
『「言志四録」佐藤一斉著』久須本文雄訳・細川景一編　講談社
『東大教師が新入生にすすめる本』文藝春秋編　文春新書
(41)『仏教名言名句大全書』梅原　猛ほか監修　四季社　2005
『高僧に学ぶ自戒のことば108』荒　了寛　日貿出版社
『吉田松陰先生名辞』川口雅昭編
『未来をひらく歴史　東アジア3国の近現代史』日中韓3国共通歴史教材委員会編集
高文研
『教養のためのブックガイド』小林康夫／山本　泰編　東大出版会

『12歳からの読書案内』金原瑞人監修　すばる舎
(42)『仏教名句名言集』大法輪閣編集部　２００６
『琉球・沖縄　歴史人物伝』沖縄歴史研究会・沖縄時事出版
『脳をきたえる哲学のことば３６５』荒木清　日東書院
『青春の読書案内』小学館
『12歳からの読書案内（海外作品）』金原瑞人監修　すばる舎
『歌集　信州の四季』豊丹生納里枝　現代文藝社
(43)『仏教的生き方大全書』四季社　２００７
『手と足をもいだ丸太にしてかえし』木村哲也編　邑書林
『山田方谷のことば』山田方谷に学ぶ会編　登龍館
『アランの幸福論』齋藤慎子訳　ディスカヴァー
『レイチェル・カーソン』上遠恵子ほか編著　ミネルヴァ書房
『子どもに贈りたい１３０の言葉』佐々木勝男編著　民衆社
『千年紀のベスト１００作品を選ぶ』丸谷才一ほか　光文社
(44)『仏教名言名句事典』須藤隆仙　新人物往来社　２００８
『戦争は罪悪である』大東　仁　風媒社
『偉人と名将の言葉』童門冬二　ＰＨＰ

『人生語録』牧野拓司　毎日新聞社
『琉球・沖縄史』新城俊明　編集工房東洋企画
『平和へのアクション101+2』核戦争に反対する医師の会　かもがわ出版
(45)『日本仏教名言集』石上善應　天来書院　2009
『日本人のこころの言葉　空海』村上保壽　創元社
『日本人のこころの言葉　日蓮』中尾　堯　創元社
『革命家100の言葉』山口賢志　彩図社
『運命の言葉』『人生の言葉』編集部編　日本ブックエース
『大学新入生に薦める101冊の本』広島大学　岩波書店
『12歳からの読書案内』金原瑞人監修　すばる舎
(46)『名僧のことば事典』中尾　尭・今井雅晴編　吉川弘文館　2010
『蓮如上人のことば』早島鏡正　本願寺出版社
『日本人のこころの言葉　良寛』中野東禅　創元社
『日本人のこころの言葉　道元』大谷哲夫　創元社
『日本人のこころの言葉　法然』藤本浄彦　創元社
『あなたの潜在能力を引き出す20の原則と54の名言』弓場隆訳
(47)『日本人のこころの言葉　一休』西村惠信　創元社　2011

『日本人のこころの言葉　親鸞』田中教照　創元社
『名言の森　心に響く千人千句』晴山陽一　東京堂出版
『座右の銘』齋藤孝　実業之日本社
『宇流麻の海』比嘉美智子歌集　角川書店
『名言手帳』竹内政明　大和書房
『日本人の叡智』磯田道史　新潮社
(48)『日本人のこころの言葉　最澄』多田孝正・木内堯大　創元社　2012
『金言・聖語・詩歌』（資料集2012年度版）照屋敏勝編
『東大教師が新入生にすすめる本』東京大学出版会
(49)『10代のための古典名句名言』佐藤文隆・高橋義人　岩波ジュニア新書　2013
『ヒトに問う』倉本聰　双葉社
(50)『心に火をつける言葉』遠越段　総合法令出版　2014
『新・どの本よもうかな？中学生版』（日本編）（外国編）金の星社
(51)『坂本龍馬と佛教展』京都佛立ミュージアム　2015
『心を照らす100の言葉』いろは出版
(52)『至高の名言』リンダ・ピコーン　弓場隆訳　Discover　2019
(53)『ファーブルの言葉』平野威馬雄訳　興陽館　2021

『偉人名言迷言事典』真山知幸著　笠間書院
『偉人の言葉』和田孫博・塩瀬隆之監修　新星出版社

＊発行年が同じ文献を（1）から（53）のグループに分けた。発行年は各グループの最初の文献に記した。

照《てる》屋《や》敏《とし》勝《かつ》（幼児教育学）

1938年　沖縄県島尻郡大里村（現・南城市）に生まれる。
1958年4月　「琉球政府」と「沖縄社会福祉協議会」の試験選抜奨学生として日本社会事業大学（社会福祉学部児童福祉学科）に入学する。
1962年3月　同大学を卒業し、「琉球政府」立教護院＝実務学園に就職する。
1964年3月　再学のため、同学園を退職して、上京する。
1964年4月　早稲田大学第二文学部（教育学専修）3年に学士入学する。
※同学部の2年間は午前3時からの牛乳配達のアルバイトで生活する。
1966年3月　早稲田大学卒業
1968年4月　早稲田大学大学院文学研究科修士課程（教育学専攻）に入学する。
1970年4月　同大学院博士課程（教育学専攻）に進学する。
※大学院では「大浜奨学金」（早大総長・大浜信泉氏が全国の沖縄県出身の大学院生のために設立）の恩恵を受けて大学院5年間の研究生活を過ごす。大浜先生は沖縄・八重山のご出身であったので、私財を投じて「大浜奨学金」を設立されて、全国の大学院に在学する沖縄県出身の大学院生に毎年選抜して奨学金が支給された。

1973年3月　同大学院博士課程を修了する。
1976年4月　沖縄キリスト教短期大学保育科に就職する。保育科長、図書館長歴任。
1986年3月　京都で佛教を学ぶため同短大を退職し、家族で京都へ移る。
1986〜1987年の2年間、佛教大学の研究員制度（奨学制度で、学部・大学院での聴講はすべて無料）として大学院・大学・佛大四条センターで佛教を学ぶ。
1988年4月　佛教（浄土宗）系の京都文教短期大学児童教育学科に幼児教育の教授として採用される。幼児教育専攻主任教授、図書館長（2期）歴任。
2009年3月　同短期大学を定年退職する。「名誉教授」の称号を授与される。
2024年現在　京都文教短期大学名誉教授。
その他、華頂短大幼児教育学科、佛教大学社会福祉学科、京都女子大短大部初等教育学科等に出講す。

著書・『幼児から何を学ぶべきか』（新読書社、1990年刊）
（日本図書館協会・全国学校図書館協議会選定図書）
1990年度日本私立幼稚園連盟賞候補

人生を活かすことば
——至言・聖語・詩歌

2024年7月15日　第1刷発行

撰著者　照屋敏勝

発行者　黒川美富子

発行所　図書出版　文理閣
京都市下京区七条河原町西南角〒600-8146
TEL (075)351-7553　FAX (075)351-7560
http://www.bunrikaku.com

印刷所　亜細亜印刷株式会社

ISBN978-4-89259-956-9